冤罪を生まない刑事司法へ 目次

02 まえがき「新時代の刑事司法制度」に求められるもの（水谷規男）

06 Q&A 冤罪防止のための改革はどこまで進んでいるのか

35 国際社会では、日本の取調べはどう見られたか
国連・拷問禁止委員会第2回政府報告書審査傍聴記（桜井昌司）

41 冤罪防止のために私たちにできること
市民グループの紹介（日本国民救援会、なくせ冤罪！市民評議会）

52 冤罪についてもっと知りたい人のために

まえがき
「新時代の刑事司法制度」に求められるもの

水谷規男（大阪大学教授）

相次ぐ警察・検察の不祥事と冤罪事件

　無実の人が処罰を受けて獄につながれる冤罪は、国家による人権侵害の最も甚だしいものだと言われます。ところが、ここ数年に限ってみても、警察・検察の不祥事や冤罪事件は少なくありません。以下に代表的な例を挙げてみましょう。

　県会議員選挙の際に現金授受や饗応があったとされ、10人以上が起訴され、全員について無理な取調べが行われたことが明らかになった志布志事件（2007年2月無罪判決）、有罪判決を受けて刑務所に収監された後に真犯人が現れた氷見事件（2007年10月無罪判決）、自白とDNA鑑定によって無期懲役の判決を受けた菅家利和さんが当時のDNA鑑定が誤っていたことが明らかになったことで釈放された足利事件（2010年3月再審無罪判決）、事件とは無関係であった厚生労働省の村木厚子局長が逮捕・起訴され、裁判中に検察官による証拠の捏造が明らかになった郵便不正事件（2010年9月、村木元局長に無罪判決）、強盗殺人で桜井昌司さん、杉山卓男さんの二人が有罪判決を受けて無期懲役となり、仮釈放後にようやく再審が認められた布川事件（2011年5月再審無罪判決）、第1審が無罪判決であったにもかかわらず、ネパール国籍のゴビ

ンダ・マイナリさんが控訴審で有罪(無期懲役)とされ、受刑中にDNA鑑定によって真犯人が別にいることが明らかとなって再審請求が認められたいわゆる東電OL殺人事件(2012年11月再審無罪判決)などです。

　村木元局長やゴビンダさんのように、一貫して無実を主張した人もありますが、後に犯人ではないことが明らかになった人たちが捜査段階ではいったん自白をした事件が少なくないことに注目する必要があります。なぜ自白をしてしまい、その自白をもとに有罪になってしまったのか。これらの事件に共通するのは、「犯人に間違いない」と思い込んだ被疑者を逮捕・勾留して、捜査側の見立てに沿う自白を引き出すために長時間の取調べが行われていることです。また、証拠捏造事件などは、いったん起訴した事件では、なりふり構わず有罪判決を獲得しようとする検察官の姿勢を示すものです。

　無実の人なら、いくら取調べを受けても、嘘の自白をするはずがないではないか、とか証拠捏造は、たまたま悪い検察官がいた、ということに過ぎないではないか、と思う人がいるかもしれません。しかし実際には、拷問や脅迫といった強圧的な手段が用いられなくても、逮捕・勾留によって外部と遮断され、「お前がやったに違いない」と証拠を突きつけられ、あるいはアリバイがないことを追及されるなどした場合、捜査官に迎合したり、取調べ自体の苦痛から逃れたいと思ったりするために、嘘の自白をしてしまうことは少なくないのです。また、いったん自白などによって有罪のストーリーができあがると、捏造まではしなくても、検察官が有罪方向で使える証拠だけを裁判で請求することもあります。

　もちろん、嘘の自白をさせてしまう取調べや、検察官が都合よく証拠を取捨選択してしまうことに問題があるのであって、これを改めなければ冤罪はなくなりません。そのために提唱されているのが、取調べの録音・録画によって不当な取調べを未然に防ぐことや、検察官から弁護側への全面的な証拠開示なのです。

裁判員裁判にふさわしい捜査、裁判のあり方

　2009年に始まった裁判員裁判は、事実認定や量刑に市民の健全な常識を反映させるという期待に応えて順調な滑り出しをした、と評価されています。裁判員裁判の対象事件については、公判前整理手続が必ず行われることになり、法律の規定に従って証拠開示が従来よりも格段に広い範囲で行われることになりましたし、警察、検察において取調べの一部の録音・録画が試行されるなど、改革の動きも始まっています。

　しかしながら、裁判員裁判の対象となる事件においても、問題はなお残っています。まず、証拠開示については、新しい規定のもとでもすべての検察官手持ち証拠が開示されるわけではありません。捜査の結果どのような証拠が集められたのかがわからないために、被告人に有利な証拠が開示されないまま裁判が行われる可能性があります。取調べに関しては、逮捕・勾留中の被疑者を長時間取調べるという捜査の在り方が変わったわけではありませんし、現在試行されている取調べの録音・録画も検察官が、取調べが任意に行われたことを示すために行われているという性格が強いのです。

　裁判員裁判において虚偽の自白が証拠とされたり、検察官の主張を支える証拠だけが法廷に出されたりすれば、裁判員となった市民が適切に事実を認定することができず、結果的に無実の被告人を処罰する冤罪に加担してしまうということが起こりかねません。捜査の在り方を見直し、証拠についてのルールをさらに整備することは、裁判員になる可能性のあるすべての市民にとっても重要な課題です。

ほんとうに「新時代にふさわしい刑事司法制度」をめざすフォーラムを

　2011年5月に警察、検察の不祥事を受けて設置された法制審議会新時代の刑事司法制度特別部会(以下、特別部会)は、映画『それでもボクはやってない』の周防正行監督や郵便不正事件の冤罪被害者である村木厚子さんが委員に

なったことで、従来の法制審議会の議論とは違った、多様な意見を取り入れた提言を行うことが期待されていました。しかし、2013年1月に公表された基本構想や、その後の分科会における議論を見ていると、特別部会は「法律家による法律家のための議論」の場になってしまっています。村木さんや周防監督の常識的で説得力のある意見が特別部会の提言に反映されているとは言えないのです。

　それだけではなく、特別部会は、盗聴の拡大や刑事免責や取引によって共犯者から供述を得やすくする制度など、新たな冤罪の原因となりかねない新しい捜査手法の導入を提言しています。取調べの全過程の録音・録画すら実現されない可能性が出てきた一方で、このような新しい制度を法律家の議論だけで決めてしまってよいのか、根本的な疑問があります。新しい刑事司法のあり方については、法律家の意見だけでなく、広く市民の意見が取り入れられるべきですし、議論の出発点は、「冤罪を生まない」制度をどう構築するかということでなければなりません。

　幸い、上にかかげた無罪となった事件は、冤罪であったことが裁判所によって認められたのですが、冤罪を訴えているにもかかわらず、有罪判決を受けて上訴中の事件や再審請求が行われている事件など、救済が及んでいない事件も多数あります。将来の冤罪を防ぐという観点だけでなく、このような積み残された事件についても光を当てて議論がされるべきでしょう。このブックレットがそのような議論のきっかけになれば、と思っています。

（みずたに・のりお）

略歴：大阪大学大学院高等司法研究科教授。三重短期大学、愛知学院大学法学部を経て現職に至る。主著に『疑問解消刑事訴訟法』（日本評論社、2008年）、『テキストブック現代司法（第5版）』（日本評論社、2009年、共著）、『法曹の倫理（第2版）』（名古屋大学出版会、2011年、共著）、『新コンメンタール刑事訴訟法（第2版）』（日本評論社、2013年、共著）、誤判・えん罪問題に関する主論文に「名張事件の50年と誤判救済」（村井敏邦先生古稀記念論文集所収）などがある。

Q&A 冤罪防止のための改革はどこまで進んでいるのか

「新時代の刑事司法制度特別部会」では、冤罪防止のための具体的な改革項目についてどのような議論が行われているのでしょうか。ここでは、主要な項目について編集部が作成した問いについて、水谷規男(大阪大学教授)および指宿信(成城大学教授)が回答をまとめました。なお、A6およびA7については、三島聡(大阪市立大学教授)の協力を得ました。

Q1 「新時代の刑事司法制度特別部会」がはじまった背景はどのようなものですか?

現在審議が進められている、法制審議会の「新時代の刑事司法制度特別部会」(以下、特別部会)が始まった発端は、2010年に発覚した、いわゆる「村木事件」といわれる郵便不正事件です。障がい者団体の虚偽公文書を作成した共犯として、厚生労働省局長の村木厚子さんが誤って逮捕・起訴されました。その後、この事件において、捜査過程で証拠品のフロッピー・ディスクが検察官によって改ざんされたことが発覚したことから、「検察の在り方検討会議」(以下、在り方検討会議)がつくられました。ここでの議論が、現在の特別部会に引き継がれています。

在り方検討会議は、2010年9月に、村木事件での検察官の不祥事を受けてスピーディーに設置されました。2011年3月31日に報告書が出ています。報告書のとりまとめ作業の途中(3月11日)に、東日本大震災が発生し、電気が止まり、暖房がなかったので毛布をかぶって会議をしたほど、かなりの意気込みで取り組んでいました。

在り方検討会議における議論の柱は、①検察の研修や教育など検察組織内部の改革、そして、②日弁連が強く求めてきた被疑者取調べの可視化(録音・録画)、の大きく2点です。

　②の点が提起されたのは、村木事件の経験からです。この事件では、物的証拠はなく、取調べによって作られた調書のみが証拠とされました。有罪判決が出された実行犯の係長は、当初、自分ひとりでやったことだと言っていたにもかかわらず、捜査官の見立てに押し切られる形で局長の村木さんと一緒にやったという嘘の自白をしてしまいました。そこで被疑者の取調べについて、録音・録画をするべきだという声が大きくなっていったのです。

　さて、在り方検討会議が2011年3月に出した提言では、検察の組織改革とは別に、検察の捜査や公判のやりかたを見直すことが求められました。つまり、取調べの可視化の範囲を拡大すること、そして、そのための法制度の整備です。すでに裁判員裁判の開始以降、検察庁では、実験的に取調べの録音・録画を一部行っていたのですが、これを法制化するべきだ、という提言でした。

　また、在り方検討会議の提言では、見立てに基づいて被疑者や参考人から無理に調書をとったり、証拠収集を供述調書に依存したり、という捜査のあり方についても、批判されています。

　ところが、在り方検討会議の途中で、可視化を法制化するという方針について大方の一致を見たあたりから、突然、警察庁元長官である佐藤英彦委員が、可視化するならば、自白がとりにくくなるかもしれないから、別の捜査手法も必要になると言い出しました。さらに刑法の規定をもっと立証しやすい規定に変える必要があるというような発言もしています(第10回会議における佐藤委員の発言および配布資料を参照)。可視化に対する捜査側、警察からの抵抗です。この発言をきっかけに、提言の最後の部分で新たな捜査手法の検討という予定外の課題が盛り込まれ、可視化の課題とともに、今回の特別部会に引き継がれたのです。

Q2 「新時代の刑事司法制度特別部会」がこれまでの審議会と違う点はどこにあるのでしょうか?

在り方検討会議の提言(Q1参照)を受けて、特別部会が具体的に制度の基本的な構造を決めることになっています。特別部会が民主党政権下で発足したこともあり、異例のメンバー構成がとられたことが注目されました。

まず、42人と委員の数が多いこと、そのなかでも実務家の数が多いことが特徴的です。従来の法制審は、学者委員が中心で、これに実務家が加わるというかたちでしたが、今回は、委員の半分以上が、警察・検察・裁判官からの委員です。さらに、「冤罪被害者」でもある村木厚子さん、そして痴漢冤罪事件をリアリティある表現で描いた映画『それでもボクはやってない』の周防正行監督が民間有識者として委員となったことも画期的と言えます。

特別部会には委員の他に幹事が10人以上います。そして、そのほとんどがやはり実務家、特に警察と検察出身者で占められています。前述したような、在り方検討会議の最後の方で見られた警察の巻き返しが、特別部会の委員構成に反映されたのではないか、という見方もできます。警察庁のエース級の委員が入っているところを見ると、その強い意志を感じます。

これまで、取調べの可視化を含めて捜査手続を適正化すべき機会は幾度かありました。重要な機会の一つが、2000年の司法制度改革審議会でした。ここでは、被疑者国公選弁護制度、裁判員制度、検察審査会の起訴強制といった、その後の刑事司法実務を大きく変えた新たな制度の導入が決まったことは知られていますが、このとき、捜査手続自体については、ほとんど議論されませんでした。

ですから、今回の在り方検討会議、そして特別部会は、はじめて捜査手続の改革に切り込むチャンスだったのです。

今回の改革が重要な点は、司法制度改革のときのような財界主導といった

動きはなく、郵便不正事件における証拠改ざんという検察の不祥事が契機となっている点です。同様の例としては近いところで、名古屋刑務所事件をきっかけに2003年に行刑改革会議が設けられ、その後の監獄法の全面改正（刑事施設及び受刑者の処遇等に関する法律）に繋がったことが記憶に新しいところです。刑事司法の分野では戦後、こうした不祥事や過誤が公的な制度改革へと繋げられたことは一度もありませんでした。そうした意味でも、法制審の特別部会の設置は非常に意義あるものだったと言えるでしょう。

Q3 警察や検察の取調べの可視化(録音・録画)については、これまで議論がどこまで進んでいるのでしょうか?

取調べの録音・録画は、すでに一部で実施されています。警察の取調べについては、「警察捜査における取調べの適正化に関する有識者懇談会」の緊急提言を受けて2008年から、検察官の取調べについては、在り方検討会議の提言を受けて2011年から試行的に実施されています。検察官の取調べについては、2011年7月から、特捜部と特別刑事部で、全過程の録音・録画が行われています。加えて、一部の検察庁では、知的障がいによりコミュニケーション能力に問題がある被疑者等に対する取調べについて、全過程の録音・録画が行われています。現在もその対象は拡大しています。

ただし、いずれも対象事件が限定的で、捜査官の側が、録音・録画しておくことで供述の任意性立証が容易になる場合などに限定して録音・録画が認められているというのが現実です。調書を証拠とするには、供述が任意に、つまり脅迫や誘導によってではなく、被疑者が自発的に述べたことが記録されていることが必要だからです。

可視化は、検察官にとっても意味があるのです。取調べの全過程ではなく、その一部、最も端的な場合には取調べの最後の場面である供述調書の読み聞けと署名押印の部分のみを録音・録画する、という試行段階での運用がされたのも、捜査側が供述の任意性を立証するために意味があると考えたからです。この場面を録音・録画することで、被疑者自身が読み上げられた調書の内容を確認して署名または押印をしたことがわかるから、調書は任意に作成されたのだと公判で主張するために録音・録画していたのです。

つまり、今までの試行は、録音・録画しても、取調べに支障がないかどうか、という点と、調書の任意性立証に役立ったかどうか、という点だけが検証されている、という限界があります。

さて、特別部会は、2013年1月に、その議論の中間まとめとして「時代に即

した新たな刑事司法制度の基本構想」(以下、基本構想という)を発表しました。

このなかでは、取調べの可視化は進めましょう、ということになっています。加えて、供述調書への過度の依存はやめましょう、ということも言っています。

ただし、取調べの録音・録画制度については、検察がこれまで試行として実施していた内容よりも、さらに限定された対象にすることが提案されています。つまり、裁判員裁判対象事件で、被告人が勾留されている、いわゆる「身柄事件」を念頭に置いています。試行段階には含まれていた特捜事件や知的障がいやコミュニケーション障がいのある被疑者・被告人が対象に含まれない可能性がでてきました。昨今、冤罪事件でますます問題になっている参考人取調べについても対象になっていません。

さらに、特別部会の基本構想では、検討対象とする2つの制度案の一つで「録音・録画の対象とする範囲は、取調官の一定の裁量に委ねるものとする」としており、録音・録画の対象も取調べの全過程ではなく部分的になるおそれがあります。

しかし、録音・録画が部分的であっては、問題はより複雑になるだけで、「基本構想」が示した案のような裁量に委ねる方法は危険であることも諸外国の事例や国内の実態からわかっています。

例えば、米国では少年5人が虚偽の自白を録画されていた、ニューヨーク・セントラル・パーク・ジョガー事件が有名ですし、DNA型鑑定で無実が判明した足利事件のように、虚偽の自白がはっきりと録音されていたケースも存在します。このことからわかるように、入室時から退室まで完全な録音・録画を行わない部分的な可視化では不十分であるだけでなく、虚偽自白を助長してしまいかねません。

そして、全事件の全面可視化を認めたわけではないのに、供述に頼らない捜査手法として、刑の減免制度、免責制度(いわゆる司法取引)、通信傍受の拡大、会話傍受手法の確立といった新しい捜査手法の導入が盛り込まれました。

基本構想を見る限りでは、特別部会は、「供述調書への依存をやめましょ

う」というスローガンを示しただけではないかと言えます。

　本来であれば、まず可視化をやってみて、自白率が下がったり、有罪率が下がったりするようなことがあって、それが可視化の影響だったかどうかという検証がなされて、可視化が捜査を困難にすることが認められた場合に初めて新しい捜査手法の導入が検討されるべきです。ところが、可視化を実現する前から新しい捜査手法の導入が出て来たのです。

　可視化すると供述を採ることが難しくなり、捜査やその後の公判に支障が生じるという意見もありますが、必ずしもその反論はあたりません。例えば、諸外国では、供述が録画されていて、供述の任意性が確認できた場合には、弁護人が任意性を争わずにその後の手続を進めるという方向になっています。つまり可視化は迅速な判決へと結びつきやすいと指摘されているのです。

　取調べが録音・録画されて、供述が記録されていれば、被疑者（公判段階では被告人）が、起訴段階や公判段階になって否認に転じることが減り、自白の任意性をめぐる争いが減少し、全体として刑事司法への負担が減った、被疑者取調べのやりとりが記録され、それを後日検証できることから、取調官の尋問技術の向上が容易になった、といった様々なメリットも確認されてきているのです。

Q4 なぜ、取調べの全面可視化は難しいのでしょうか?

取調べの全過程の録音・録画には、警察や検察からの強い抵抗があります。録音・録画のための設備の導入は、国家予算の大幅な増加を伴うものではなく、すぐにでも実現可能です。なぜ反対するのでしょうか。

第一に、被疑者が供述をしなくなって事件の真相解明に支障が生じると言われています。つまり、可視化をすると、被疑者の供述がとれなくなるというのです。

第二に、被疑者の側も可視化して欲しくないからだ、と言われています。これまでなら供述調書に残らなかったことまで、音や映像として記録され、事細かなところまで中身を知られてしまうのであれば、供述したくないという被疑者がいる、というのです。

そして第三に、全過程でなく、部分的な可視化が適切だとする理由として、長時間の取調べを全部記録すると、それを検証するために膨大な時間がかかり、現実的ではないということが言われています。だから、全事件について、取調べの全過程を録音・録画するのではなく、対象事件を絞ろうとか、可視化しなくてよい範囲を作ろうということになるのです。

特別部会でも、取調べの録音・録画をする範囲をどうするか、という議論が中心になってしまっています(身体拘束をした事件に限定する、裁判員事件に限定する、否認事件については軽微な事件でも録音・録画する、といった様々な意見が出されました。特別部会第17回会議議事録参照)。可視化がなぜ必要なのか、という点についての議論が深まらないまま、対象事件の範囲と例外をどこまで認めるかという点に議論が終始し、全面可視化の実現が危うくなっているのです。

しかし、取調べの全面可視化に反対する意見は、いずれも現在の取調べのやり方を前提としていることに問題があります。これらの意見では、捜査において「取調べ」という方法自体が最も有用な手法である、また、被疑者が自

白をするまで長時間の取調べをすることが必要だという考え方が前提とされているのです。取調べ受忍義務（逮捕または勾留されている被疑者は、取調べを拒むことができないとする考え方）は、あって当然という考え方です。

さらに、なぜ「取調べ」が重視されるかというと、捜査において自白をとることが重視されているからです。つまり、自白させてはじめて事件解決ができ、真実が明らかになる、という考えがあるのです。

取調べの可視化をするなら、新しい捜査手法が必要だという議論も、こうした考えを前提としているからこそ出てくるのです。

憲法や刑事訴訟法の原則から言えば、被疑者には、黙秘権があり、取調べ受忍義務はないはずです。取調べによって供述を得ることで真実を明らかにするという考え方自体が問題なのです。被疑者の供述に依存することなく、捜査する側は、他の証拠資料を探さなければならないのです。

さらに、取調べは、身体拘束の目的ではありません。身体拘束は、逃亡を防いだり、証拠隠滅を防いだりするために認められるものです。取調べのための身体拘束は認められていないのです。後述するような新しい捜査手法の問題は、身体拘束をしたら取調べはできないから、DNAデータベースによる個人特定や、通信傍受の拡大のような新たな情報獲得手段が必要なのだ、ということであれば、議論の余地もあり得ると思います。取調べ自体は規制しないでおいて、取調べの可視化と新しい捜査手法の導入とをバーターのように議論することは、問題があります。

ところで、取調べは、被疑者だけでなく、目撃者や被害者など、いわゆる参考人に対しても行われます。特別部会でも、参考人の取調べも録音・録画するべきだという意見は出されました。しかし、基本構想では、「参考人には様々な立場の者がいて、様々な場所で取調べが行われており、一律に録音・録画を義務付ける必要性は乏しく、現実性や参考人の協力確保にも問題が生じる」などと指摘され、議論が先送りされています。

Q5 取調べの全面可視化だけで冤罪は防止できるでしょうか?

冤罪防止にとって必要な、捜査過程の事後的な検証や、不当な取調べの抑止という目的のためには、取調べの可視化が有効です。しかし、それだけが解決策ではありません。ところが、今回の特別部会の議論においては、取調べの録音・録画以外の方策は、議論のプロセスでは、言及されていましたが、結局、基本構想には生かされていません。

冤罪防止のための、録音・録画以外の方策として、例えば、調書の作り方の改善があります。周防委員が次のような意見を言っています。

「日本の裁判では調書に重きが置かれています。調書は密室での取調べで取調官が作文したものです。調書の文体は一人称独白体であり、被疑者が自ら進んで話している物語として書かれています。この形式に何の疑問も感じず調書が作られ続けていることには驚きを禁じえません。一人称独白体の形式に何の合理性があるのでしょうか。被疑者から言葉を奪うことで取調官による被疑者の思想や人格の書換えが実現されるだけです。もっともそれが取調官にとって有罪獲得の上で誠に都合の良い書式であることは理解できます。取調べは多くの場合、取調官の質問に被疑者が答える形で進んでいると思われます。そのやり取りを一問一答で正確に記録することが取調べの録音・録画以前にすぐにでも実行できる一つの可視化であると考えます」(特別部会第2回会議議事録)。

周防委員が指摘しているように、現在の独白式を一問一答式に改めることは、法改正をしなくてもできることです。法律の専門家からではなく、映画監督である周防委員からこの意見が出されていることを真摯に受け止めるべきだと思いますが、基本構想では調書の作り方を改めようという指摘はありませんでした。

公判では、一問一答式での記録が当たり前なのに、捜査ではそうなってい

ないのが現状です。ここを変えない限りは、裁判官や裁判員が、一人称の形に整理された供述調書を読んで、信じてしまうという誤判は避けられないでしょう。

　また、弁護人の立ち会いという方策もあります(第10回会議議事録)。

　特別部会のなかで、村木委員は自分の経験に立脚して非常にわかりやすく弁護人の立会いの必要性を指摘しています。

　「私もそうでしたけれども、自分の権利というのがなかなかよく分からない、初めていきなり逮捕されたりして。そうすると、黙秘していいんだろうかとか、黙秘していると不利になるのではないかとか、そういう取調べの初期の段階で自分に与えられた権利とか、こういうもののルールが分からないという、これは非常に辛いんですね、被疑者・被告人としては。ですから、弁護士さんに会って、言わなくていいんだと分かって黙秘に転じる、これはすごく想像ができる」(第14回会議議事録)。

　弁護人の立ち会いについては、弁護士会も些か消極的に見えます。長時間の立ち会いを求められたら、弁護人が対応できないというところで躊躇があるのかもしれません。

　しかし、これは、現状のような長時間の取調べを前提としているから、そうなるのであって、取調べ時間を制限する、被疑者が応じなければ取調べはできない、ということにすれば、弁護人としても対応可能になるのではないでしょうか。特別部会で後藤昭委員が指摘していますが(第10回会議議事録)、取調べへの弁護人の立ち会いは、欧米諸国だけでなく、台湾や韓国でも認められています。制度的にも実務的にもこれを認めていない日本の取調べがいかに特殊なものになっているかを考えるべきです。

　また、冤罪防止の方策としては、捜査段階で証拠開示を拡大することも必要です。

　取調べが可視化されたとしても、供述が歪められていないかどうかの検証は、捜査官がその取調べまでにどんな証拠を確保していたのかがわからなければできません。例えば物証や他人の調書を見せながら取調べれば、いくら

でも捜査官の持って行きたい方向に供述を誘導することが可能です(一問一答式の調書であれば、どんな誘導があったかもわかるはずですが、現状ではそれもわからないのです)。取調べ段階からの証拠開示があってこそ、取調べが適切になされたかどうかが検証可能となるのです。調書だけ見ていてもわかりません。可視化と合わせて証拠開示が検討される必要性はここにあるのです。

　さらに、海外の実証研究の結果を踏まえると、取調べの全面可視化と弁護人の立ち会いの両方が必要であることがわかっています。

　例えば、1990年代にオーストラリアで取調べの録音・録画のテープを250事例収集してその分析検討を行った、デイビッド・ディクソン教授は、「取調べの録音・録画が万能薬ではない」と指摘しています。

　ここで指摘されている実証結果の一つとして、少年の事件では大人が取調べに立ち会えることになっていますが、母親は取調官以上に激しく少年に自白を迫っている場面が記録されていたり、成人の場合、オーストラリアでも弁護人を立ち会わせることが許されているにもかかわらず、250件中2件でしか立ち会いはなく、実際に被疑者が法的助言を受けることのないまま取調べを受けていることが確認されています。

　こうした実態からもわかるように、単に記録できれば良いわけではなく、あくまで録音・録画は事後的検証の機会を保障しているに過ぎないと考え、被疑者の権利保障を進めるためには誘導されずに供述できるような助言が専門家から受けられることが重要だということがわかります。

Q6 証拠の開示についての議論はどこまで進んだのでしょうか。

証拠の開示とは、主に被告人側に対して検察官の手持ち証拠の閲覧・謄写の機会を付与することを意味します。

検察官が公判に提出(証拠調べ請求)する証拠については、1947年制定の現行刑事訴訟法に、被告人側に開示する規定が置かれています。問題は、検察官が公判に提出しようとしない証拠の開示です。

検察官と被告人が訴訟の当事者として相争う立場にあることからすれば、それぞれが収集した証拠はそれぞれの判断で提出すればよく、相手方の手持ち証拠をたよりにすべきではない、とも考えられます。

しかし、検察側と被告人側との間には証拠収集能力において圧倒的な差があります。そのため、被告人に有利な証拠も含めて、事件に関する証拠の大部分は、検察側が収集し保管することになります。上記のような考え方をとると、被告人に有利な証拠が検察官の手持ち証拠の中に埋もれて(あるいは意図的に隠されて)、誤判が生じてしまいます。このような事態は、刑事裁判においてあってはならない重大な不正義です。

そこで、2004年の刑事訴訟法の改正では、裁判員裁判対象事件などにつき公判前整理手続を行うものとし、この公判前整理手続において検察官が公判に提出しようとする証拠(=検察官請求証拠)以外の証拠を一定程度開示する制度が設けられました。

それによれば、まず、①検察官が申請(証拠調べ請求)した証拠そのものや、申請した証人等につき、その者が証言する内容が明らかになる当人自身の供述調書は、被告人側の請求を待たずに開示されます。次に、②検察官請求証拠の証明力を判断するために重要であると認められる一定の類型の証拠については、被告人側から開示請求がなされ、検察官が相当と認めたときに開示されます。さらに、③被告人側が自らの主張(アリバイ、正当防衛等)を明示し

た場合に、その主張に関連すると認められる証拠について、被告人側から開示請求がなされ、検察官が相当と認めたときに開示される、というものです。

いずれについても、第一次的には検察官が開示・不開示を判断することになっていますが、その不開示の判断に対しては、被告人側は、裁判所に不服申立てができます。

2004年の法改正によりこのような制度が創設されたことで、それ以前に比べ、証拠開示の範囲は飛躍的に拡大したと言えるでしょう。もっとも、この制度でもなお不十分だとの指摘がなされています。

すなわち、上記の②、③の証拠開示を得るためには、被告人側が、求める証拠を識別できるようにして開示請求を行う必要がありますが、この制度のもとでも、検察官の手持ち証拠の一覧が被告人側に開示されることはなく、どのような証拠を検察官が持っているのかは被告人側にはわかりません。そのため、具体的に証拠を特定・識別して請求するには多大な困難がある、というのです。そこから、無辜の不処罰、誤判の防止のために、検察官の手持ち証拠を全面的に開示できるようにすべきだ、少なくとも検察官の手持ち証拠の一覧表を開示すべきだ、という考え方が出てきます。特別部会でも、有識者委員や弁護士の委員・幹事からこのような意見が示されました。

もっとも、このような意見に対しては、他の委員や幹事から強い異論が出されました。国会が全面的開示制度を採用しないという趣旨で改正法を制定した以上、今回の審議もそのことを前提とすべきだ、改正法の制度趣旨を正当に把握して個々の条文を使えば、必要な証拠はすべて開示されることになる、現行の制度には法改正によって修正すべき点はない、というのです（特別部会第11回・第15回会議議事録参照）。

この異論に対しては、実際に当事者として刑事裁判を体験された村木厚子委員から、次のような発言がなされました（第15回会議議事録）。

「……私自身も公判前整理手続というのを経験をしました。……実際にやってみると、検察、警察がどういう証拠を持っているのか分からない中で証拠

開示の請求をしていくというのは、類型証拠開示とか、いろいろな仕組みがあっても、暗闇の中で手探りをしているような感じが強かったというふうな印象を持っております。これは弁護側に非常に大きな負担が掛かっている、負担が掛かり過ぎていると思います。……証拠開示というのが、あんなに経験と能力と、それから、更には豊かな想像力がないと必要なものが出てこないという、こういう作業だというのには非常に驚きでした。そういう意味では、普通に弁護士さんが請求をすれば、まともな弁護士さんだったら、ある証拠はきちんと請求すれば出てくるというのは、かなり現実とはかけ離れているのではないかと思っています。」

　現状のままでよいという論者は、この村木発言を真摯に受けとめ、この発言に正面から応答すべきでしょう。
　部会では以上のような意見の対立があり、それが解消されないまま、「基本構想」では、事前全面開示は検討対象から除外され、一覧表の開示についてのみ検討が進めることになったのです。事前全面開示を検討対象から外すことがそれまで審議の流れに忠実に沿った結論だったのかははなはだ疑わしいところです。
　ともあれ、その後の作業分科会では、一覧表の開示が検討されています。議論の進展に伴って、一覧表の開示に強硬に反対していた委員にも歩み寄りがみられ、最近では、一覧表の開示それ自体は現行法の仕組みとかならずしも矛盾しないと述べるようになっています（第2作業分科会第8回〔酒巻委員〕）。一覧表の開示は実現の方向に動いているといえるでしょう。
　ただし問題は、その開示の具体的なありようです。一覧表に証拠の標目としてどの程度の記載を要するか、また、一覧表の請求の時期を、上記①の開示の直後にするか、③の開示の前提となる被告人側の主張明示の後にするかについて、意見がはげしく対立しています。前者については、一覧表は被告人側に開示請求の手がかりを与えるためですので、その表には請求の要否の判断に資する識別情報が記載されてなければならないでしょう。後者につい

ては、②の開示請求の際にも証拠識別のために一覧表が必要になるので、遅くとも①の開示の直後とすべきでしょう。上記の村木委員の問題提起に応えうる制度に改められなければなりません。

　特別部会および作業分科会では、公判前整理手続の非対象事件について、訴訟当事者に、この整理手続の請求権を認めるべきかどうかも検討されています。上記①～③の証拠開示が行われるのは、公判前整理手続が実施される事件に限られるため、それ以外の事件でも同様の証拠開示が可能になるようにすべきではないかが問われるのです。

　このような事件でも、検察官側から任意に手持ち証拠が開示されていますが、任意の開示では①～③と同水準の開示がなされる保障はありません。しかも、地裁で公判前整理手続が実施されるのは、終局人員総数のうちのわずか３％強に過ぎません。ほとんどの事件の被告人は任意の証拠開示にたよらざるをえない状況なのです。それゆえ、公判前整理手続の請求という形が適切かどうかはさておき、これらの事件についても、証拠開示制度を利用できるよう改められるべきでしょう。

　なお、このほか、証拠開示制度の適用のない手続として再審請求手続があります。再審請求審では検察官は任意の開示にも非常に消極的です。裁判所は、近時、開示に積極的な姿勢をとるようになってきましたが、あくまでその裁量によってなされるため、開示の可否・範囲にばらつきがあります。再審は無辜を救済するための手続であり、この手続において、無罪方向の証拠が埋もれてしまって本来救われるべき者が救済されないということは、制度趣旨に真っ向から反します。それゆえ、再審請求審についても証拠開示の規定が整備されなければなりません。

　「基本構想」では、再審請求段階の証拠開示については「必要に応じて更に検討を加えることとする」とされ、第一次的な検討課題から外されてしまいました。しかし上記のように検討の必要は十分に認められるのですから、特別部会では正面から取り上げ、規定創設に向けた検討がなされるべきです。

Q7 被疑者・被告人の身体を拘束する処分（勾留）と身体をまったく拘束されない状態（在宅）との間の中間的処分の創設が検討されているそうですが、この制度によって、「取調べへの過度の依存からの脱却」が期待できるのでしょうか。

まず、身体拘束の不利益性について確認しておきましょう。警察の留置場や拘置所に拘禁されることは、身体の移動の自由が制限されるというだけではなく、社会から隔離されて仕事などの社会生活が滞り（場合によっては経営している会社が倒産したり、勤め先から解雇されたりします）、私生活においても様々な不都合が生じます。また、手錠をかけられて収容場所まで連れてこられ「囚われ者」として扱われるため、精神的な打撃も大きいのです。

さらに、公判に向けた防禦という点においても、重大な制約を受けます。弁護人に相談するには、その弁護人に忙しいスケジュールの合間をぬって身体拘束場所まで出向いてもらわなければなりませんし、自分で事件に関連する物証や目撃者を捜したり知人に直接会って情状証人になってくれるよう依頼したりするなどの活動もできません。

のみならず、被疑者であれば、捜査機関による長時間の取調べにさらされることになります。弁護人の立会いも許されず、自白を得ようと迫ってくる捜査官にひとりで対峙しなければなりません。そのため、往々にして自己に不利益な供述をしてしまいます。そしてその供述が記載された調書は、公判廷に証拠として提出され、有罪の証拠として用いられることになります。このように、身体拘束はそれ自体として被疑者に種々の不利益をもたらすとともに、「取調べへの過度の依存」とも密接に関連しているのです。

以上のような多大な不利益性からすれば、身体拘束はできるだけ避けなければなりません。在宅のままでは逃亡や証拠隠滅の点に不安があっても、ただちに被疑者・被告人の身体を拘束してしまうのではなく、今後の事情次第では身体拘束する可能性も留保しつつ、一定の行動制限（遵守事項）を課すに

とどめるというような工夫(中間的処分の創設)が求められます。
　特別部会では、「被疑者・被告人の身柄拘束の在り方」という表題のもと、勾留と在宅の間の中間的処分の創設が、「取調べへの過度の依存からの脱却と証拠収集手段の適正化・多様化」の方策の一つとして検討されてきました。
　特別部会の作業分科会で構想されている中間的処分は、おおむね、次のようなものです。すなわち、勾留と同様に、犯罪の嫌疑と逃亡・証拠隠滅の危険性の要件を具備した場合に、裁判官は、被疑者に対して、裁判官の指定場所に居住すること、転居・出国・3日以上の旅行をするときには裁判官の許可を得ること、取調べのための出頭要求があったときにはそれに応ずることなどの遵守を命ずる。期間は2か月で、その期間に、これらの遵守事項の違反等があったことが判明した場合、捜査機関は被疑者を刑事施設等に連行することができ、身体拘束の必要があるときには、検察官が勾留を請求する、というものです(作業分科会では、被告人についても導入が議論されています)。
　この案は、身体拘束をできるだけ避けてより軽い処分にとどめようという考え方を出発点として検討され具体化されてきたものですが、この基本思想にふさわしい中間的処分を制度設計するのは、必ずしも容易ではありません。以下、上記の提案、および、これまでの特別部会・作業分科会の議論を踏まえて、いくつかの問題点を指摘してみましょう。

　①まず、制度を構想する前提として、従来の身体拘束制度の運用をどのように評価するかが問題となります。というのは、もし、逮捕・勾留に関する司法審査が、従来から身体拘束を回避する方向で厳格に運用されてきたとすれば、中間的処分を設けても、中間的処分が選択される例は限定的で、利用価値は小さいとも考えられるからです。
　特別部会でも、主に身体拘束制度を運用する側の警察・検察・裁判所出身の委員から、このような懐疑的な意見が示されています。すなわち、検察において勾留や保釈の要件に関する判断は厳格に行っている、裁判官も身体拘束の判断は重大なものだと認識して慎重に事件を処理している、勾留と中間

的処分の要件を同一にするなら、勾留に必要な要件が備わっていて、身体拘束しないという判断がありうるのか疑問だ、といった意見です。

しかし、そもそも、勾留の要件である、逃亡または証拠隠滅を認めるにたりる相当な理由の有無の判断は、かなり幅のある判断です。今後被疑者(・被告人)が逃亡したり証拠を隠滅したりするかどうかは予測の問題であり、必然的にあいまいさを伴います。しかも、特に捜査段階の身体拘束については、裁判官のもとに、被疑者の資質・態度や事件に関する情報が十分にあるとは言えません。資料不足の中で判断せざるをえないのです。したがって、裁判官本人が「慎重」、「厳格」に判断しているつもりでも、客観的にもそのとおりだと言い切ることはできません。

さらに、裁判官の中からも、保釈の運用の分析を通して、保釈基準、とりわけ証拠隠滅の要件に関する基準が厳格過ぎるのではないか、再検討の必要があるという評価がなされています(松本芳希「裁判員裁判と保釈の運用」ジュリスト1312号145頁以下〔2006年〕)。この分析の対象となった時期においても、今と同様、裁判官たちは、身体拘束に関する司法審査を適正に行っていると述べていました。裁判官のそのような言明が実証的な裏づけを持たず主観的な判断でしかなかったことを、この論稿は示唆しています。

さらにまた、実際に勾留された経験を持つ村木厚子委員が、特別部会で次のように述べています(第20回会議議事録)。

「私がこの部会に参加してきて、いつも大変良い議論をしていただいていると思いながら時々不安になることがあります。それはどういうことかというと、例えば、身柄拘束は適切に行われているのだとか、証拠は適切に開示をされているとか、取調べは適正に行われているとかといった発言があるときです。制度の趣旨にのっとって適切に行われていないことがあるからこそこれだけいろいろな問題が起こっているのに、そういう御発言がこの会議であって、そのたびに非常に私は不安になる。いろいろな問題があるからこそ、こういう会議が開かれているのではないかと思っています。

……身柄拘束のルールが曖昧だったり、運用にばらつきがあったり、ある

いは時には問題のある運用がされていると私自身は実感をしています。
　身柄拘束というのは……非常に大きな基本的な人権の制約です。本人にとっては、刑が確定していないのに、もう刑罰に処せられているのと同じような効果がある。法律は、あるいはここでの議論は、極めて限定的に、どうしようもないときだけ拘束しているのですと言われるけれども、実際の運用はそういうふうにはなっていないと思います。
　私の場合同じ事件で共犯とされた人が、私を含めて4人いましたけど、私だけが否認をして、私だけが身体拘束を受けました。非常に懲罰的なのだなという実感を持ちました。身体拘束されると、家族や周りとの接触も絶たれるし、全く自由がなくて、畳2畳ぐらいのところにずっと閉じ込められているわけですし、24時間監視カメラがあって人が監視をしていて、夜寝るときも、頭の真上に明かりが点いている。かかりつけの医者にも行けない。そういう生活をしなければいけない。これは非常に虚偽の自白を引き出すのにも非常に有効な手段になりうる大変リスクの高いものだと思います。」
　実際に身体拘束を体験した人の発言だけに、特別部会の各委員・幹事は、上記発言を重く受けとめる必要があります。身体拘束をできるかぎり回避できるよう、勾留の代替的な制度創設に向けて検討していくことが強く要請されます。勾留の要件の判断には幅があるとすれば、代替手段が利用価値の乏しいものにはならず、活用の余地は大いにあると考えられます。

　②次に問題となるのは、中間的な処分の創設が、立案者の意図とは裏腹に、権利制限的な効果を生む危険がないかという点です。すなわち、従来ならば無条件で身体の自由を享受していた被疑者(・被告人)が、中間的処分を受けるようになってしまうのではないかという問題です。逃亡や証拠隠滅の危険性に関する要件の判断に幅があり、勾留よりも権利制限が緩やかな処分なので、それに応じて要件の判断も緩んでしまうことも十分に考えられます。
　これを防ぐ効果的な方策をみつけるのは容易ではありませんが、最低限、身体不拘束が原則である旨の規定、および、否認・黙秘等の事実を本人の不

利益に（逃亡や証拠隠滅の危険性を肯定する方向に）考慮してはならない旨の規定を置くことが必要でしょう。

　なお、作業分科会で事務局が示した提案には、検察官の勾留請求に対して裁判所が勾留を認めずに中間的処分にできるとする表現が含まれていません（ただし、検討課題の一つとはされています）。裁判所が中間的処分を課すのは検察官がこれを請求した場合に限られるとすれば、中間的処分の運用が検察官の裁量に大きく依存することになり、勾留の代替としての役割はほとんど期待できないでしょう。かえって、この処分の請求が従来の「在宅相当」であった事案で多くなされ、権利制限的に利用されることになりかねません。検察官が勾留を請求した場合でも中間的処分を課しうるような制度設計がなされるべきです。

　③第3に、被疑者について取調べのための出頭義務を課す旨の条件を付してよいかどうかです。
　実務では、身体拘束されている被疑者には、取調べのため取調室に出頭し滞留する義務（取調べ受忍義務）があるとされています。もしこの実務の考え方を前提に勾留の「代替」処分を構想するとなると、勾留にはなおさら出頭・滞留義務が認められて当然だということになるでしょう。
　実際、特別部会のもとに設置されている作業分科会では、この義務の存在を前提とした案が事務局から示されています。前述のように、中間的処分の遵守事項の中に、取調べのための出頭を求められたとき正当な理由がある場合を除いてこれに応ずること、が含まれているのです。
　しかし、前述のように、そもそも逮捕・勾留の目的には取調べは含まれていません。逮捕・勾留は、逃亡および証拠隠滅の防止のためになされるのです。逮捕・勾留された被疑者には、逃亡・証拠隠滅の防止に必要な制限が課されるにせよ、取調べに応ずることが義務づけられるのは何とも奇妙です。それゆえ、学界の多数は取調べ受忍義務否定説をとっているのです。
　以上からすれば、中間的処分につき、取調べ受忍義務を前提とした遵守事

項を定めることは妥当性を欠きます。もし今回の法改正で、逮捕・勾留されている被疑者も含めて、取調べ受忍義務を課すことを肯定しようとするのなら、中間的処分は、旧態依然とした取調べ依存の制度のうちにあり、それからの脱却にはつながりません。「取調べへの過度の依存からの脱却」という理念からすれば、遵守事項は、逃亡および証拠隠滅の防止に役立つものにとどめるべきです。

④第4に、一定の重い犯罪を中間的処分の対象から除外すべきかどうかという点です。

作業分科会で事務局が示した案では、死刑、無期・短期1年以上の懲役・禁錮にあたる罪や、常習として長期3年以上の懲役・禁錮にあたる罪に関しては、適用除外とされています。これは、権利として保釈が認められる要件（刑事訴訟法89条）にあわせたものです。保釈も勾留の要件がある場合に、一定の条件つきで身体を解放する手続で、中間的処分と類似しています。それゆえ、中間的処分の制度を設計するにあたっては、保釈の制度との整合性にも配慮する必要があります。

とはいえ、保釈の場合には、権利としての保釈の要件を満たさない事件でも、裁判所の裁量判断で保釈を認めることができることになっています（刑事訴訟法90条）。中間的処分の場合に、裁判所の裁量を最初から完全にふさいでしまうことは、かえって保釈制度と整合しないのです。

また、重い罪につき中間的処分を一切認めないとすれば、それらの犯罪については、「取調べへの過度の依存」につながる身体拘束が依然として続くことになり、今回の制度改革のもともとの趣旨に適合しないことになってしまいます。対象犯罪を限定するのは適切ではありません。

Q8 現在もなお冤罪、誤判が数多く報道されていますが、誤判をなくすためには、今後どのような取り組みが必要でしょうか?

　そもそも「検察の在り方検討会議」や「警察捜査における取調べの適正化に関する有識者懇談会」、さらには特別部会そのものも、厚労省局長だった村木厚子さんが逮捕されたいわゆる郵便不正事件などの具体的な冤罪事件の数々をきっかけとして、それらの再発防止を目的に作られたものでした。
　ところが、これらの会議は、誤判原因の検証という点では、不十分です。
　要因の一つは、誤判原因を作った側が大半を占める会議だからということがあります。欧米では、大きな誤判事例があると、第三者組織が、その事件の捜査や裁判のどこに問題があったのかを検証する取り組みが行われています。
　公的な機関が誤判原因の解明を行う方法として、カナダ等の旧英国連邦諸国で取られている「王立委員会(調査委員会)」方式があります。1983年に真犯人が確認されて無実とされたドナルド・マーシャル氏のケースを調査したカナダの「ドナルド・マーシャル氏の訴追に関する王立委員会」は、2年以上の調査を経て1989年に6巻に及ぶ報告書を公刊していますが、この中で80項目以上の改善勧告を行いました。中でも、カナダで公判前に全ての証拠を被告人側に開示すべき、とする意見は、その後のカナダ最高裁判決(1991年)に取り入れられ、いわゆる全面開示制度が実現するに至っています。
　また、アメリカでは、公的私的の様々な「無実委員会(イノセント・プロジェクト)」が有名です。刑事司法改革の前提として、いくつかの州では誤判えん罪事件の調査を行って、刑事司法制度において改革すべき事項を特定し、改善方向を探るという試みがなされています。例えば、ノース・カロライナ州では、死刑囚が無実であることが判明したり、誤った目撃証言で終身刑が言い渡されていたりしたケースが起きました。このとき、最高裁長官の呼びかけ

で様々なセクターから委員が集まり刑事司法制度の改革に乗り出しました。同州で被疑者取調べ録画制度が導入されたのもその勧告に従ったものですし、全面事前証拠開示やDNA型証拠の保管義務といった法改正も行われています。

　他方、日本では、誤判の原因を生じさせている捜査官や裁判官が会議の主なメンバーになって議論しているのです。せめて第三者委員会が作られるべきなのです。例えば、2000年代に入ってから発生した大きな冤罪事件、氷見事件、足利事件、東電OL事件といった事件については、第三者による検証委員会が作られるべきです。そして、そこには実際にその事件に関わった捜査官、裁判官などの誤判原因を作った側が入ってはいけません。

　日本では、従来こうした第三者委員会の設置には消極的でした。なぜ問題が起きたのかということについての説明責任があまり重視されてこなかったという風潮があったのかもしれません。しかし、昨今、学校内でのいじめ問題や原子力発電所の事故を巡って、第三者による検証委員会を作る例は増えて来ています。

　では、第三者委員会の具体的イメージはどのようなものであるべきでしょうか。

　まず、委員ですが、裁判官や検察官、警察官などが委員として入ることには、慎重であるべきです。いかに個人としては有能で高潔な人であっても、自分の属している、あるいは属していた組織を批判することは難しいものだからです。弁護士については、検証対象の事件の弁護人は入ってはいけないでしょうが、法曹の代表として弁護士が入ることは必要でしょう。また、検証対象となる事件について、最終的に無罪判決を得るために活動したのは、弁護人です。対象事件の弁護人は、委員としてではなく、ヒアリングの対象とされるべきです。冤罪事件の問題点は、その事件の弁護人たちが問題提起をしてきたことによって、広く認識されてきたからです。その事件が冤罪に至った問題点をよく知っているのは弁護人だと言えるでしょう。

　学識経験者として研究者も委員として入るべきです。ただし、法学者に限

られません。心理学のような他領域の研究者も含まれるべきです。それから、市民の代表として国会議員などが入ることも適当だと思います。原発事故検証時の国会事故調査委員会のようなイメージです。

これまでの法制審議会のあり方を見ていると、法曹三者が組織を代表して、それぞれ委員として入り、議論をしてきています。専門家による調査・審議機関であるとしても、弁護士、検察・法務官僚や警察官僚、裁判官が自分たちの利益を代表して発言してきたわけです。

特別部会も基本的にこの性格は変わりませんが、前述のように村木委員や周防委員をはじめとする民間有識者が入っていることは注目すべき点です。特別部会の第1回会議で、江田法務大臣は、「今回、御審議を頂く内容は、国民の生活にも影響する刑事司法全体の在り方に及ぶものであり、専門家の先生方にも大勢参加をしていただいておりますが、専門家の知見だけではなく、これに加えて、広く国民の声を反映した審議を行っていただく必要があると考えております。そのため、当部会には刑事法の専門家に加えて、それ以外の、正に各界の有識者の方々にも相当数加わっていただいたところでございます。委員各位におかれましては、活発に御議論に参加していただきますようお願いいたします」と挨拶しています。

では、特別部会は「各界の有識者」の意見を十分に受け止める場として機能したのでしょうか。これまでの議論を見ていると、とてもそうは言えません。すでに指摘した調書の作成方法についての周防委員の意見もそうですが、法律家以外の意見は、基本構想にはほとんど反映されていないのです。

その一つの例として、検察官の上訴制限の論点があります。現にいわゆる東電OL殺人事件のように、一審の無罪判決が上訴審で有罪になって生じた冤罪事件がある以上、この問題は特別部会で真摯に検討されるべきだったと思います。特別部会では、弁護士の神洋明幹事から問題提起（第6回会議議事録）があり、周防委員もこれに賛成する意見を述べています（第17回会議議事録）。しかし、これを研究者である井上正仁委員、酒巻匡委員、そして検察官である大野宗委員が偏頗な議論だ、と切り捨てているのです。このやり取り

を読んでいると、法律家の役割とはなんだろうか、という疑問すら感じます。

　他方で、法制審議会に「利害関係者」を入れることには、疑問もあります。例えば、被害者団体の代表、あるいは村木さんのような冤罪の被害者は利害関係者と言えるでしょう。しかし、現状の法制審議会に冤罪の原因を検証する役割を期待することには無理があります。第三者委員会を作る場合には、こうした当事者、利害関係者については、委員としてではなく、事実と意見を聞くという形が適当だと思われます。ただし、そこで聞いた意見は、「聞きっぱなし」ではなく、きちんと議論を尽くすことが必要です。

　また、第三者委員会の活動についてですが、目的は誤判原因の究明と再発の防止ですから、あらゆる記録をとおして、事件の捜査や裁判の過程を検証するとことが適切だと思います。表に出にくい、捜査記録も含めたあらゆる記録を、法令上権限を与えて開示をさせるということが必要でしょう。

　冤罪・誤判原因の究明は、決して簡単なことではありません。そのための活動を後押しする意味でも、市民社会の中に「冤罪や誤判をなくそう」という機運を高めるための運動を作っていくことも重要です。

　もちろん、冤罪や誤判を防止する必要性は、まずもって被疑者・被告人の人権保障のためです。そのことを強調することは重要です。ですが、社会防衛的観点からも冤罪は問題となるはずです。なぜならば、冤罪事件では真犯人が処罰されずに世の中に暮らしているからです。取調べの可視化問題のみならず、広く冤罪や誤判防止のための運動を呼びかける中では、そうした観点も考慮することが必要ではないでしょうか。そうすれば、警察や検察も反対しづらいはずです。

　専ら取調べの可視化の必要性だけを強調し、可視化だけが獲得目標になってしまい、なぜ可視化が必要なのかという世論の盛り上がりを作りあげられなかったことが、現在、実現に向けた議論が停滞していることの一つの要因でもあるように思われます。

　冤罪や誤判防止のための取り組みが、私たち市民一人ひとりにとって必要だという認識をどう広めていくかが、まさに問われているのです。

Q9 検察庁は、昨今、捜査段階や起訴決める段階で「再犯防止」につなげる新たな試みを行っていますが、それらと今回の議論との関係はどうなっているのでしょうか？

検察庁は、2013年にはいって、急速に被疑者の再犯防止に向けた取組みを始めています。検事総長の念頭挨拶では、処罰だけでなく、再犯防止に取り組むと述べられています。その理由としては、犯罪発生率が下がってきているにもかかわらず、再犯率が上がっていることが背景にあります。つまり一般予防（犯罪全般の抑止）はむしろ成功していて、特別予防（犯罪者の再犯抑止）に失敗している、と評価できます。結局、刑事司法手続や矯正プログラムが再犯防止（特別予防）に効果的ではないことが浮き彫りになっているわけです。それを改善するには、刑事司法手続自体を刑罰志向ではなく再犯防止に主眼を置いた手続へと変えていく必要がでてきたのでしょう（詳細は、法務省「再犯防止に向けた総合政策」2013年7月25日ウェブサイトを参照）。

こうした検察庁の姿勢は歓迎すべきことです。ただし、検察は刑事司法のプロではありますが、福祉のプロではありません。そこで今年から東京地検には、社会福祉士が駐在する社会復帰室を設置し、社会福祉につなげることで再犯防止につなげようという試みを始めています。つまり、一定の被疑者については、公判（裁判）をせずに、不起訴にして社会の中で支援等を受けることによって、再犯防止を図ろうというのです。それに先だって、長崎の社会福祉法人・南光愛隣会が主導して、知的障がい者を不起訴にするかわりに、福祉施設につなげる、いわゆる「長崎モデル」も一定の成果を上げています。

こうした方法は、「ディバージョン（正式な刑事司法手続から逸らせる手続）」と言われますが、今、世界で進んでいる「治療的司法」に向けた流れとしては、こうした試みは評価できると思います。

ところが、こうした「再犯防止」の政策というものは、特別部会のミッションではありません。特別部会では、言わば刑罰を与える議論を一生懸命やっ

ているわけで、この2つの議論は、従来の刑事司法制度を巡る議論の中でも切り離されてきました。

　その背景としては、刑事司法における当事者主義的な思想と治療司法的思想とが、相容れないところがあるためです。

　日本の刑事司法手続の実態を見たときには、被疑者・被告人は、当事者主義的な激しい戦いを経ないまま、すなわち、十分な弁護を受けられないおそれがありました。日本では当事者主義的な司法が根付いていないので、これはこれでやらないといけません。ここがまさに取調べの可視化や証拠開示が必要だという局面です。

　例えば、司法制度改革の成果として実現した被疑者段階の弁護人に対する公的助成がなければ、多くの被疑者は弁護人を持ちえません。長い身体拘束期間を利用して供述を獲得する日本の捜査スタイルで事件が作られてしまうと、起訴後段階で弁護人が付けられても「勝負あった」となってしまいます。公判での当事者主義は名目に過ぎません。ようやく被疑者段階での公選弁護制度が徐々に浸透してきました。

　しかし、起訴前弁護の活動をそれぞれの弁護人がどこまで十分に果たしているかは問題があるように思われます。さらに、別の箇所(Q6)でも触れられている「証拠開示」の問題があります。たとえ弁護人が事件を争おうとしても、検察側がすべての証拠を押さえてしまって、自分たちが利用しない証拠、特に検察側にとって不利に働く証拠については隠したままで良いという現状の制度では、本当の意味で「対等」にはなりえませんから、やはり実質的な当事者主義は実現されないままになってしまうのです。たしかに形式的には当事者主義が整えられたとしても、検察側の主張と争いたい場合にその実現をそもそも阻むような制度となっているのですから、被告人が裁判を受ける権利を実質的に保障されているとは言い難い状態にあるわけです。

　他方で、たとえ可視化がなされて取調べが透明化できた、監視できたとしても、被疑者・被告人の抱えている問題(貧困、失業、住宅、メンタル、依存症、家族内のトラブル等)が取り除かれるかというと、それは別のアプローチつまり

治療的手法で対処すべきものです。

　これからの刑事司法を考えていくうえでは、この両方のアプローチが必要だということもできます。

　前述したように、検察の試みは歓迎すべきことですが、検察だけが治療的司法の担い手であることは問題です。例えば、裁判所も、刑罰を与えるかどうか、猶予するかどうか、だけではなくて更生に向けた柔軟な量刑手続も必要です。また、弁護人も、治療的司法の考え方を取り入れて、不起訴処分をとれるような活動をするということも必要になってくるでしょう。これからは、ますます警察から矯正保護まで見通した議論が必要になってきます。そういう意味では、今回の特別部会には、刑事政策の観点がほとんど入っていないことも残された課題と言えましょう（ただし、例外として、岩井宜子委員の判決前調査制度への言及がある。第2回会議事録参照）。

国際社会では、日本の取調べはどう見られたか
国連・拷問禁止委員会第2回政府報告書審査傍聴記

桜井昌司(布川事件冤罪被害者)

　私は、2013年5月の拷問禁止委員会第2回日本政府報告書審査(以下、日本審査)の傍聴に参加しました。2008年に開かれた自由権規約委員会第5回日本政府報告書審査を傍聴したときも思いましたが、日本は世界から先進国家だと言われますし、日本人自身も先進国家の一員だと思っているようです。ですが、こと人権に関する限りは、北朝鮮などを笑えない「後進国家」だと、改めて感じた今回の日本審査でした。

　というのは、前回の拷問禁止委員会・日本審査は2007年に開かれましたが、そのときも今回も、日本政府代表の法務省や警察庁、外務省の役人は「日本の司法では国際的な人権基準は守られている」となんの躊躇もなく語っていますし、その内容にほとんど変化がなかったからです。

　以下、私がみた日本審査の様子を報告します。

写真提供：日本国民救援会

委員からの日本の取調べに関する厳しい質問

　布川事件の元被告人としての私の関心事は捜査における取調べと裁判ですが、国連の委員からは、今回も日本の取調べの現状について厳しい質問が続きました。

「弁護士の立ち会いがない取調べが20日間も続けば虚偽の自白を生む。フカワ（布川）、アシカガ（足利）といったケースでは再審が行われているのではないか」、「検察官は時には歪曲した、偏った証拠を提出しているのではないか。一部の事件では重要な証拠を提出しないという事実があるのではないか」、「可視化についても録音・録画をしたりしなかったりで、一貫性がない」（スペインのメネンデス委員）、「別個の犯罪事件として拷問が取り上げられていないのは条約上、問題がある。拷問に関するデータ、国家賠償や拷問被害者の補償についての統計を出して欲しい」（グルジアのツグシ委員）、「長期の独居拘禁、15日以上の拘禁は精神に影響が出て、その影響が永久に残るとの研究があるのを承知しているか」（イタリアのブルーニ委員）、「141件もの被収容者からの不服申し立てが一つも司法裁判に至っていないのは納得できない」（セネガルのゲイ委員）、「弁護士の取調べへの立ち会いが認められないのはなぜか。捜査の秘密を守るためだと言われるが、弁護士も司法の一部なのだから説得力がない」（モーリシャスのドマ委員）などです。

　自白偏重裁判、弁護人の立会い、取調べ可視化、長時間・長期間の取調べ、自白強要などを、個々に質問されたのに対して、日本政府の代表は、大半が「こういう法律があることで規定される」とか「こういう規則があることで対応している」とか、法制度を単に説明するだけで日本の実態を語らないのです。語れないのでしょうが、要するに「日本憲法には禁止する条項があるから拷問も自白偏重裁判もない。警察と検察の取調べも、違法な取調べを認めない法律があるから違法はない」と、この2点に尽きる弁明をするばかりでした。

　2007年、前回の日本審査のときには、痴漢冤罪事件をテーマに映画化された周防正行監督作品の『それでもボクはやっていない』を上映して、拷問禁止委員会の委員の方々に見ていただいたところ、「クレージーだ。こういう刑事システムが、本当に存在しているのか」と、その驚きを「クレージー」と表現した委員がいました。痴漢冤罪事件を含めて、ごく普通に「言葉」（被害者の証言）だけで有罪にされる日本の司法システムは、世界の感覚で見れば「クレージー」なのですが、その「クレージー」を、残念ながら司法に携わる関係者は理

解していないのです。

　私が参加した2008年の自由権規約委員会、2007年の拷問禁止委員会、そして、今回の日本審査でも、同じ質問と同じ答えが繰り返されるばかりです。なぜ、こうも世界の人権感覚と日本の司法担当者の人権感覚は違うのかと、呆れるばかりでした。あとで詳しく触れますが、この根は日本人自身にあるのだと思っています。

　拷問禁止員会からも自由権規約委員会からも、日本政府に対しては人権保障の手続きとして必要なことを勧告しています。その勧告は今回とほぼ同じ内容です。

勧告を無視する日本政府

　今回の日本審査でも、「第50会期拷問禁止委員会（2013年5月6日〜31日）で採択された第2回日本政府報告に関する総括所見」として、約22項の勧告が示されています。

　「取調べと自白」と題する部分では、「a. 締約国（日本を示す）の司法制度は実際問題として自白に偏重しており、自白は弁護士の立ち会いのないダイヨウ・カンゴク（代用監獄）において多く得られている。当委員会は取調べ中における不当な取り扱い、すなわち殴打、脅迫、睡眠の剥奪、そして休息なしの長時間にわたる取調べ等の報告を受けている。b.全取調べ中における弁護人の立会いが義務となっていない。c.警察の留置場での被疑者の取調べに関する適切な指導を確認する方法の欠如。特に連続して取調べを行う際の厳格な時間制限の不在。d.検事に申し立てた取調べに関する141件の不服申立ての内、一つも裁判ケースに至らなかった。などの事柄に重大な懸念を抱いている」と指摘しました。

　さらに、勧告は「当委員会は、締約国が、如何なる場合においても、拷問や不当な取り扱いの下で得られた自白は法廷内では実際問題として証拠と認めないために、あらゆる必要な措置を取るべきであると、前回の勧告を繰り返す」として、加えて「罰則を設けろ、取調べ時間諸規則を設けろ、自白獲得が

第一である犯罪捜査方式を改善しろ、取調べ全過程の録音・録画をして法廷使用を保障しろ、証拠不採用になった自白の数を当委員会に報告するように」、と注文を付けました。ここで「前回の勧告を繰り返す」と書かれましたのは、日本政府が勧告を無視して履行しないからです。

　これらのことを日本国民の大半は知りません。いや国民だけではなくてマスコミさえも注意の目を向けないでいます。その無関心が、日本政府代表として国連に行って報告する法務省や警察庁の嘘を許し、国際的な水準の人権状況を日本では実現しないでいることを許しているのだと、私は思っています。

日本の人権人道大使の「シャラップ」発言

　今回、日本に対する委員の指摘で、最も強烈だったのは、モーリシャスのドマ委員の言葉でした。日本政府報告の2日目、政府代表が1時間45分の回答を行いました。しかし、委員の質問に答えた内容にならなかったせいか、6人の委員から30分にわたる再質問があったとき、ドマ委員は「日本の司法審査は幻想ではないか。有罪と無罪の比率が10対1と聞いている。間違っていたら訂正して欲しい。これは重大な問題だ。自白に頼った手続きは中世のやり方だ。中世の名残ではないか。こういう制度から離れて国際基準に合わせる必要がある」と指摘したのです。

　日本の有罪率は99パーセント以上。ドマ委員が「間違っていたらば訂正して欲しい」と求めたのに対して、再回答でも無視した法務省と警察庁でしたが、反応したのは人権人道大使として同席していた上田秀明氏でした。それも見当違いの反応で、「日本は中世ではない。最も人権の進んだ先進国だ」と反論したのです。

　日本審査に傍聴参加していた日本のNGOの人たちは、私を始めとして、日本政府が行う人権無視の行為によって苦しめられた人たちばかりです。堂々と「先進国だ」と語る上田大使の発言には思わず笑ってしまいました。すると「Don't Laugh!」と、顔を赤くして声を上げ、会場のざわめきが続くことに対して「Shut up! Shut up!」と、大声で叫んだのです。会場は、その冷静さを欠

いた大使の言動に静まり返ってしまいました。

　私は、法務省や警察庁が平然と嘘を語るときを含めて、正面に座る上田大使や議長の反応を見ていましたが、この瞬間の議長の驚いたような表情が、とても印象的でした。あのときの議長の表情を思うと、会議場にいた人たちの思いもわかって、つくづく日本という国は国際的に信頼を得られない国だと、残念に思います。

　「シャラップ」という言葉は、子どもを叱るときなどしか使わないそうですが、一国の代表たる大使が国際会議の場で使ってしまうところに、日本の人権状況の現実を物語っていると納得できます。

冤罪をなくすために警察庁・検察庁の改革は急務

　前回、傍聴に参加したとき、国連の委員から「私たちがどのような勧告を行ったとしても、それを実施させるのは日本国民です」と言われました。そのことが強く心に残りましたが、冤罪をなくすための手段を勧告されても無視して、そのやり方やシステムを変えようとしない日本政府を思いますと、改めて、あのときの言葉を思い出します。そして、私たち自身が、この政府の政策を変えるために行動しなくてはいけないと、思い重ねています。

　今、再審裁判で無罪判決を受けた私に対して、警察庁と検察庁は、公然と「犯人であることには変わりはない」と語ります。再審無罪判決に際しての茨城県警は、堂々と「自分たちの捜査は間違っていない」とコメントしましたし、水戸地方検察庁は取材の記者に対して「たまたま有罪が立証されなかっただけ」と言ったそうです。それだけではありません。今、取調べの可視化を議論している法制審議会に参加する法務省幹部の委員は、ある委員の私的な質問に答えて、「足利事件の菅家さんは無実だが、桜井と杉山は犯人だ。たまたま有罪が立証できなかっただけだから、反省の必要はない」と平然と語ったそうです。日本国内では、何をしても許されてきた組織の傲慢でしょうが、このような無責任が国際的には受け入れられるはずはありません。ますます孤立していくことでしょう。

私たちは、日本国を国際的に名誉ある立場にするために、この警察と検察を改革しなければなりません。一度犯人だと疑えば、ひたすらに「自白」だけを求め、証拠のでっち上げすらも行う警察。起訴したならば、警察の尻拭いをするだけで、証拠を独占して無実の証拠は隠してしまう検察。取調べの全面可視化を実現して不正な取り調べを規制し、全面証拠開示法を作って、検察官が見られる証拠は、裁判に携わる全員が公平に見られるようにする改革は必須です。そのためには、広い国民の正義を求める声が必要ですから、多くの人に現実を知ってもらえるように、私たちは、司法に正義を求める活動を続けるつもりです。

（さくらい・しょうじ）

布川事件：1967年8月、茨城県布川で、ひとり暮らしの男性(大工、当時62歳)が自宅で殺害されているのが発見された。警察は、現場の状況や目撃証言などから犯人を「2人連れの男」と断定し、強盗殺人事件として捜査を開始した。同年10月、当時20歳だった桜井昌司さんが別件の窃盗事件で逮捕されるが、取調べは強盗殺人事件に関するものだった。身に覚えのない桜井さんは否定したが、連日長時間にわたる警察の厳しい取調べを受けた末に、知人の杉山卓男(当時21歳)さんとともに男性を殺害したという虚偽の自白をしてしまった。このため、杉山さんとともに強盗殺人罪で起訴された。一審の水戸地裁土浦支部で、両名とも犯行を否認したが無期懲役の有罪となった。最高裁まで闘ったが有罪が確定した。その後、再審請求を続けていたが、2009年に再審開始が決定され、2011年5月24日、再審公判が行われた水戸地裁土浦支部は無罪判決を出し、検察側の控訴がなく無罪が確定した。詳しくは、伊佐千尋『新装版 舵のない船――布川事件の不正義』(現代人文社、2010年)を参照。

冤罪防止のために私たちにできること
市民グループの紹介

冤罪事件をなくしていくためには、法律家だけの頑張りでは十分ではありません。冤罪の被害者になるかもしれない、または裁判員として人を裁く立場になるかもしれない、私たち市民一人ひとりが関心を寄せ、冤罪をなくすための取り組みを支援していくことが大切です。ここでは、誰もが参加し、支援できる市民グループの取り組みを紹介します。是非、あなたも参加してみませんか。

日本国民救援会

日本国民救援会とは

　日本国民救援会（略称：国民救援会）は、1928年に4月7日に結成され、今年（2013年）で創立86年になります。戦前は、映画『母べえ』（山田洋次監督）でも描かれたように、治安維持法等による弾圧犠牲者とその家族の救援を行いました。戦後は、日本国憲法と世界人権宣言を羅針盤として、弾圧・冤罪・国や企業の不正に立ち向かう人びとを支援し、活動分野を広げています。

　現在、国民救援会が支援する事件は全国で100件を超えますが、どの事件にも、自由を奪われ心を傷つけられた人びとの魂の叫びがあります。救援運動は、これらの事件当事者と喜びも苦しみも共にして、その救済と社会進歩をめざすヒューマニズムにあふれた運動です。草の根の人権を守る活動から国際活動にいたる幅広い活動は、全国約4万6千人の会員に支えられています。

弾圧事件の経験を生かし冤罪支援へ

　戦後、国民救援会は、松川事件や数々の弾圧事件の裁判闘争をとりくむなかで、無実の人びとを救うたたかいを発展させてきました。誤った裁判のや

り直しを求めるたたかいでは、白鳥事件の国民的な大きな支援運動を巻き起こし、財田川事件の決定とあわせて最高裁「白鳥・財田川決定」によって「開かずの扉」といわれた再審の扉を開かせました。この決定は、死刑確定4事件(免田、財田川、松山、島田事件)などの再審・無罪を勝ちとる大きな力となりました。

現在、国民救援会は全国で20件を超える冤罪事件を支援しています。

後を絶たない冤罪事件

いま、足利事件、布川事件、東電OL殺人事件が相次いで再審無罪判決を勝ちとるなど、冤罪事件についての国民の関心も高まっています。しかし、無実の人びとが、警察の誤った捜査や裁判によって「犯人」とされ処罰される冤罪事件が後を絶ちません。冤罪事件は過去の話でなく、現在もあらたな冤罪が引き起こされています。

このような冤罪事件はどうして起こるのでしょうか。

それは主に、①警察留置場＝代用監獄における自白強要などの警察による違法・不当捜査、②警察官の捜査をチェックすべき検察官が、警察と一体となって事件をでっち上げ、無実の証拠を隠したまま起訴、③自白に偏重し、客観的な証拠と事実を無視する裁判が構造的に温存されているからです。

刑事裁判の鉄則は、「疑わしきは被告人の利益に」であり、無辜(むこ)の救済＝無実の者を絶対に罰してはいけないということです。憲法31条は、「何人も法律の定める手続きによらなければ、その生命もしくは自由を奪われ、又はその他の刑罰は科せられない」と、国民の人権を保障しています。刑事裁判では、裁判で有罪が証明されて、有罪判決が確定するまでは無罪と推定される「無罪推定の原則」があります。

ところが、現実には逮捕されただけで犯人視され、裁判では「疑わしきは有罪に」判断され、冤罪が後を絶たないのです。

冤罪を生まない刑事裁判のための抜本的改革を

相次ぐ冤罪事件を契機に、2011年法務大臣の諮問を受けて「新時代の刑事

司法制度特別部会」(特別部会)が法務省の法制審議会に設置されました。2013年1月には「基本構想」がまとめられましたが、この間の冤罪事件の教訓である取調べの全過程の可視化や証拠の事前全面開示などの課題が大きく後退し、逆に捜査権限の拡大・強化が盛り込まれています。

これに対して、マスコミからも「考え違いをもとから正せ」(朝日新聞)、「捜査機関焼け太り」(東京新聞)など厳しい批判にさらされています。国連拷問禁止委員会でも「自白偏重の日本刑事司法は中世の名残り」と指弾されたシステムを温存するならば、「新時代」どころか世界の標準から遅れた「人権後進国」のそしりをまぬがれません。

裁判員裁判が始まり、国民が刑事裁判で有罪・無罪を判断する時代です。現行の制度では、被告人の無実の証拠が隠されたまま判断を求められて、裁判員となったあなたが冤罪に手を貸すことが現実に起こりえます。

刑事裁判の制度改革は、決して他人事でなく、私たち国民にとっては切実な課題です。もっと国民の監視と批判の声を上げることが求められています。

なお、末尾に国民救援会が、先に発表した、特別部会の「基本構想」に対する見解を掲載しましたので、参照ください。

国民による裁判監視・批判のとりくみ

冤罪をなくすためには、制度改革と同時に、国民の裁判の監視と批判が必要不可欠だと考えます。国民救援会では、事件当事者・弁護団との団結を基礎に、法廷のたたかいと連帯して、事実と道理にもとづいて、事件の真実を法廷外に広げ訴えています。裁判批判の運動は、国民の良心を結集し、裁判を監視し、裁判官の良心と勇気を呼びおこし、公正な裁判を実現するとともに、再び人権侵害を許さない力を国民の中に強めます。

瑞慶賢　淳
(ずけらん・あつし／日本国民救援会 中央本部)

※国民救援会の詳細は、ウェブサイト(http://www.kyuenakai.org)をご覧下さい。

法制審「新時代の刑事司法制度特別部会」の検討状況に対する国民救援会の見解
刑事司法の原点に立ち返って一からの出直しを

　いま、法制審議会「新時代の刑事司法制度特別部会」で刑事司法について議論がおこなわれています。本来、特別部会には冤罪を生まないための刑事司法について抜本的改善の方向を示すことがめざされ、期待されていました。しかし、これまでの議論をみると、その目的、期待に反し、逆に捜査権限の大幅な拡充や刑事裁判の原則を覆すような議論がおこなわれています。

　長年にわたり、冤罪事件を支援し、冤罪を生まないための刑事司法制度改革をめざしてきた日本国民救援会として、特別部会の議論を本来あるべき議論にするために、以下に見解を示すものです。

1. 本来、特別部会に求められていたものとそれに反する議論

　特別部会が設置されたのは、足利事件や布川事件などの冤罪事件の再審無罪判決や、郵便不正事件(村木事件)での検察官による証拠改ざんなど、検察・警察による違法・不正の続出が暴かれたことがきっかけとなり、2011年3月に「検察の在り方検討会議」が「新たな司法制度を検討する場が必要」との提言をし、それを受けて、法務大臣が諮問したことによるものです。

　よって、その目的は、冤罪の根絶のために、憲法の理念にもとづき、「疑わしきは被疑者(被告人・再審請求人)の利益に」という刑事裁判の鉄則の立場を貫いた適正な捜査と公判を確保する制度をつくることでした。具体的には、代用監獄制度の廃止、「人質司法」(20日間の長期勾留制度)の見直し、取調べの全面可視化(すべての事件について、被疑者や重要参考人への取調べの全過程を録音・録画すること)や弁護人の立会、供述調書が公判での証拠の中心となる「調書中心主義」の見直し、検察の手持ち証拠の全面開示、検察上訴の禁止、「無辜の救済」としての再審制度の改善などでした。

　ところが、特別部会の議論はこれらの目的から大きく逸脱して、上記に指摘した刑事裁判の鉄則を軽視し、警察・検察権限の拡大・強化をはかるなど

冤罪の根絶とは逆方向にすすんでいます。この背景には、冤罪を作り出してきた現在の捜査・刑事裁判の構造を維持する立場の警察、検察、裁判所関係の委員が全体の3分の1を占め、さらに捜査権限強化を唱えてきた一部の学者委員が、法務官僚と一体となって議論を主導していることにあります。これらの委員と法務官僚は、取調べの全面可視化など、「既得権」の変更に強く抵抗するとともに、盗聴捜査要件の緩和や拡大、司法取引など捜査機関の権限強化を打ち出しているのです。これに対し、郵便不正事件の村木厚子さんや映画『それでもボクはやってない』の監督・周防正行さんなどの、本来の特別部会設置目的に沿った道理ある積極的な意見も出されていますが、部会長と事務方(法務官僚)による検察・警察の意を体した恣意的・強引な運営がおこなわれています。

　以下にみるように、結果的に、冤罪をなくすどころか、冤罪をさらに生み出し、さらには、捜査権限の強化、刑事司法の諸原則さえも覆す議論がすすんでいます。

2. 議論の具体的な課題と問題

捜査・取調べ関係

■取調べの可視化——例外付きの可視化か、取調官の裁量に委ねるかの二者だけで検討

　全事件での全面可視化は議論からはずされました。可視化とは、取調べの適正とその事後検証のために必要とされるものであり、例外や裁量の余地などあり得ません。全面可視化を拒む理由づけは、「真相解明機能」維持のためとしますが、その内実は「取調官の意向に沿う供述の獲得」です。また、対象事件を裁判員裁判に限定する意向ですが、社会問題となったPC遠隔操作ウィルス事件や痴漢冤罪事件などは対象事件からはずされ、救われません。さらに、重要参考人(被害者、目撃者＝布川事件の例)の取調べにおける可視化も検討対象から除外しています。

■司法取引の導入——公正・適正の保障のないままでの「取調べ中心主義」の強化
○自己や他人の犯罪事実を明らかにする協力者には「刑の減免」制度。

○検察官と被疑者の弁護人間での、他人の犯罪事実を明らかにする被疑者の協力に量刑上の恩典を付与することの「協議・合意」制度。
○裁判長の命令により黙秘権を消滅させて証言を強制させて、その証言内容に対する「刑事免責」制度。

　このような司法取引の制度が導入されたら、真犯人がみずからの刑を軽くするために無実の人を「共犯者」として巻き込むこと（八海事件などの例）や、「自白しなければ死刑になる」などと量刑で脅し、ウソの「自白」をさせる（布川事件の例）など、冤罪を新たに生み出す危険があります。また、公判でその供述を争う場合、どのようにして供述が形成されたのかの検証手段（証拠開示）がないままで行わねばならず、「検察証拠の弾劾」が極めて困難となります（福井女子中学生殺人事件の例）。

■**盗聴捜査の拡大**──盗聴の対象事件拡大、盗聴時の立会排除、新たに会話盗聴の導入

　憲法違反の盗聴（通信傍受）捜査で、対象から「重大事件」の限定を外し、「窃盗」事件などの財産犯にも適用して対象事件を大幅に拡大し、盗聴要件のハードルを下げた上に、公正を担保する立会い制度も廃止。さらには、家や車、配送物に盗聴器を仕掛ける会話盗聴も検討するなど、際限のない恣意的運用や弾圧が可能になってしまいます。

　「可視化」によって捜査力が低下し、「治安が悪化する」などと、「可視化」を逆手にとって、検討対象に入れられたものです。

■**被疑者・被告人の身柄拘束の在り方**──自白強要を排除するという観点が希薄

　否認や黙秘をした場合、被疑者・被告人の身柄は長期に拘束がなされています。この問題では、代用監獄制度の廃止が重要ですが、検討対象からはずされています。議論では、住居制限や特定の人物との接触禁止等の命令に違反した場合に初めて勾留するという、勾留と在宅との中間的形態の制度の導入が検討されていますが、内容はなお不明瞭で、より安易な要件での拘束制度の新設に向かう危険性があります。

　起訴前の保釈の導入も言われていますが、従来の、裁判所による「罪証隠滅

のおそれ」という抽象的理由で保釈を認めてこなかった運用を抜本的に改善する方向がみられません。

■**弁護人による援助の充実**──被疑者国選弁護制度の拡大と引換えに取調べでの立会権拒否

被疑者国選弁護制度の拡充について議論されています。その一方で、取調べに対する弁護人の立会については、捜査側が「立会がなければ取調べができないことになれば、供述確保収集が根本的に変質し、その機能が大幅に減退する」という理由で抵抗しています。これは、捜査側の都合だけを優先するものであり、あくまで「自白」獲得中心主義を維持する考え方です。

公判関係

■**証拠開示**──検察の「証拠隠し」といった従来の運用のまま

検察による「証拠隠し」を禁止し、捜査機関が収集した証拠の事前全面開示を制度化することは、冤罪根絶の不可欠な要素です（松川事件、布川事件、東電OL殺人事件など多数事例）。にもかかわらず、特別部会の議論は、現在の制度の枠組みを変更する必要はないというものです。検察の主張・立証に「合理的な疑い」を指摘するという、刑事裁判の原理にもとづいた被告人・弁護側の防御権の行使を、検察の都合によるあれこれの弊害を並べ立てて不当に制限するものです。

議論では、全面開示は検討対象からはずされ、証拠の「標目一覧表」の交付制度の採否という論点に矮小化しています。くわえて、検察による「証拠隠し」を容認する現行制度のままで良いと、これに反対する意見も出され、全面開示は後景に追いやられてしまっています。また、再審事件での証拠開示の検討は後回しとされました。

■**被告人・証人に対する新たな制裁制度の導入**──被告人の権利を侵害

被告人質問制度の廃止（黙秘権を認めずに宣誓しての証人化）、被告人の虚偽供述に対する制裁の新設、証人の不出頭や宣誓・証言拒否に対する法定刑の引上げ、証人の勾引要件の緩和が議論されています。憲法で保障された被告

人の権利を侵害し、戦前の糾問的司法に戻る危険があります。

■**犯罪被害者・検察証人保護**——検察立証を容易にして公判の形骸化

　負担軽減を理由に、公判出頭を不要にしたビデオでの尋問や、捜査段階の供述ビデオの再生で代替、さらに住所・氏名を明らかにしないことや一時の偽名証言の許可など、被告人の「裁判を受ける権利」を顧みず、取調べ段階での供述を信用性があるものという前提で検察の有罪立証を容易にするものです。公判は確実に形骸化します。

■**自白事件の簡易迅速な処理**——即決裁判で実刑判決を可能にする制度の導入

　現行の即決裁判制度は、被疑者の同意を要し、必要的弁護事件で、原則として即日の判決、自由刑の執行猶予言渡しを上限とし、事実誤認を理由とした控訴ができません。

　これを、少額万引きを繰り返す貧困高齢者や、自己使用が止められない覚せい剤依存症患者などの累犯を念頭に、1回の公判で実刑判決を科して刑務所に送り込む制度の新設を議論しています。

　しかし、犯罪をおかした人の更生＝反省しての立ち直りを支援する観点は皆無で、「異端者排除」の論理を貫いています。

検討対象から外して放置したもの

　代用監獄制度の廃止、検察上訴の禁止など、冤罪をなくすために議論すべき重要課題を放置。

3. 特別部会に求められるもの

　今後の予定として、年内〔2013年〕に特別部会で議論をまとめその後答申を出し、これを受けて、政府が来年〔2014年〕の通常国会に法案として提出するとの見方があります。

　しかし、このままの議論では、本来の目的に反する答申が出される危険が

あります。そこで、以上をふまえ、特別部会には次のことが求められます。
○特別部会は、冤罪をなくすという本来の目的に立ち返り、あらためて議論をやり直すべきです。
○冤罪事件で人生を奪われた冤罪被害者、その弁護人、また冤罪事件を支援している人から意見を聞くべきです。
○多くの国民から意見を聞く窓口を設けるべきです。

　——国民救援会はひきつづき冤罪被害者の救済をすすめ、冤罪をなくすための制度改革をもとめて奮闘する決意です。

(2013年9月7日・日本国民救援会)

なくせ冤罪！市民評議会

繰り返される冤罪。「問題はない」と開き直る検察

　2013年6月8日、私たち「なくせ冤罪！市民評議会」(略称SNOW)は、設立総会を開催しました。120名以上の市民が集まり、水谷規男氏(本書編者)の記念講演「3つの無期再審無罪事件から見えてくるもの」に耳を傾けました。「3つの無期再審」とは、足利事件(2010年)、布川事件(2011年)、東電OL殺人事件(2012年)です。

　この1年前2012年6月7日「東電OL殺人事件」で無期懲役刑に服していたゴビンダ・プラサド・マイナリさんに対する再審開始決定が出されました(同年11月7日無罪判決、その後確定)。

　ゴビンダさんは、DNA鑑定によって無実が明らかになり、再審公判では検察自ら控訴棄却(無罪)を論告せざるをえなくなりました。

　周知の通り、再審では無罪を示す「新規明白な証拠」を請求人側(被告人側)が提出することが求められます(刑事訴訟法435条6号)。だが、ゴビンダさんの無罪証拠は、ことごとく検察の手持ちの未開示証拠の中にあったのです。

ゴビンダさんは後に「検察が最初から証拠を出していたら、私は15年間も苦しむことはなかった。嬉しいけど悔しい」と述べています。だが検察は、捜査や起訴、公判活動には「特段の問題はなかった」（青沼隆之東京高検次席検事）と公言し、検証も反省もせずに平然としています。

　これでは、私たち市民が自分たちの手で司法改革を推し進めていかなければ、無実の犠牲者が生まれ続ける。市民評議会は、そんな気持ちから「無実のゴビンダさんを支える会」（ゴビンダさんの無罪を受け、2013年3月に解散）の有志が呼びかけ、布川事件、袴田事件、大崎事件などの支援者とともに、結成したものです。

「合法」的証拠隠しが横行する異常さ

　検察は「証拠開示の義務はなかった」と最後まで言い張りました。事実、現在の法律では無罪の証拠を隠していても、何ら「違法」ではなく、無実の人を有罪にしても誰も責任は問われず、まして罰されることなどありません。

　警察・検察の証拠隠しが合法的に許される——この「法律の世界の常識」と「全ての証拠が明らかにされなければ、正しい事実認定に至るはずはない」という「市民の常識的感覚」とには、どうしようもないズレがあるようです。

冤罪の根源を絶つ司法改革を

　問題は、証拠開示だけではありません。悪名高い代用監獄を用いた密室の取り調べや、否認する限り勾留する「人質司法」の常態化など、冤罪は「起きるべくして起きている」と言わざるをえません。

　そこで、私たちは以下の目標と行動指針を掲げ、個別支援の枠を超えて、市民と専門家との協働関係を作り、国会議員への働きかけを強め、あらゆる冤罪に共通する根源を絶つ法制度の改革を実現していこうと考えています。
① 　冤罪・誤判原因の究明のため、独立した第三者機関を設置する。
② 　証拠の全面開示、取調べの全面可視化など、冤罪防止に必要かつ有用な法を整備する。

③　無罪立証を請求人に負わせる現行再審制度の見直し。白鳥・財田川決定が実質的に活かせる再審制度の確立。
④　被告人に「二重の危険」を負わせる検察官上訴の禁止ないし制限。

　こうした方向で、まず連続セミナーを企画し、第一弾として、7月13日には、1970～80年代の再審法制定運動に携わった谷村正太郎弁護士のお話しを伺うなどしました。

　また、7月31日、布川事件の桜井昌司さん、杉山卓男さん、足利事件の菅家利和さん、袴田事件の袴田巖さんの姉・秀子さんなど8名の冤罪被害当事者とともに、法制審「新時代の刑事司法制度特別部会」に対する連名の申し入れを行いました。同部会での論議が、本来の司法改革の方向性を見失い、警察、検察などの権限の肥大化、違法捜査や利益供与を合法化するための論議などにすり替わり、また些末な技術論に明け暮れて、本質を見失うなど、冤罪防止という初期の目的を完全に逸脱していることを指弾し、冤罪被害当事者の声を直接に聞くことを求めたものです。

　この要請行動は、私たちの最初の対外的アクションとなりました。これからも学習や内部的議論と対外的働きかけを結びつけ、目的達成のための連帯を広げていきたいと思っています。

今井恭平
(いまい・きょうへい／なくせ冤罪！市民評議会理事)

※なくせ冤罪！市民評議会の詳細は、ウェブサイト(http://www.snow.jca.apc.org/)をご覧ください。

2013年7月31日の法務省への取調べ可視化を求める要請行動の様子
写真提供：なくせ冤罪！市民評議会

冤罪についてもっと知りたい人のために

　ここでは、戦後の日本で起きた数々の冤罪事件の具体的な内容、さらには冤罪事件が起きる背景や原因、その影響などについて著された図書や映像、インターネット上の資料などを紹介します。

　なぜ、冤罪をなくすための努力が現在も続けられているのか、を知りまたは振り返るための参考になれば幸いです。

　なお、本書の性格上、すべての冤罪に関わる資料を網羅していません。現在でも比較的入手可能なもので、かつ法律家でない方にとってもわかりやすいものを取り上げています。

戦前から引き継ぐ「拷問」取調べ

　戦後間もない時代の有名な冤罪事件としては、まず、**横浜事件**（事件発生は1942〜45年）が挙げられます。当時の治安維持法違反で60人以上が逮捕され、捜査ではまだ戦前からの明らかな拷問と言いうる取調べが行われたことで知られています。うち30人が有罪判決を受けましたが、21世紀に入ってもなお再審が続けられ、最終的には2010年に実質的には無罪ではあるものの「免訴」という結果に終わったことに議論があります。

　こうした戦後直後の労働運動や政治活動に対する警察の弾圧から発生した冤罪事件としては、その他にも**青梅事件**（1951年から翌年にかけて青梅線沿線で列車が脱線損壊させられた事件が5件発生し、共産党員・社会党員が逮捕・起訴された事件）、**松川事件**（1949年に東北線内で列車が脱線させられ機関士らが死亡した事件で、労働組合員や共産党員20名が逮捕起訴された事件）などが知られています。

　他方で、政治活動とは無関係の冤罪事件も少なくありません。例えば、**八海事件**（1951年に起きた山口県の村落で夫婦が殺害された事件で、真犯人とは別に無

辜の4名の職場同僚が逮捕・起訴され有罪とされたが、最高裁で無罪確定)では、拷問による虚偽の自白が誤判を招きました。**梅田事件**(1950年に北海道・北見営林局職員2名が相次いで殺害され、所持していた公金が強奪された事件について、逮捕・自白した被告人に対し最高裁で無期懲役が確定したが、その後再審で無罪判決)では、客観証拠が少ない中で自白や著名な鑑定人(当時数が少なかった時代背景もある)に頼りすぎ、無罪を明らかにする証拠が軽視された結果、有罪判決がなされたというケースです。**弘前大学教授夫人殺人事件**(1949年に秋田県・弘前大学医学部教授宅で妻が殺害された事件について、否認を貫き無罪を得た被告人について、その後逆転有罪が確定したが、その後再審無罪)は、鑑定の誤りを原因とした典型的な冤罪事件と言えます。

> **参考文献** >>> 横浜事件については、大川隆司ほか『横浜事件・再審裁判とは何だったのか：権力犯罪・虚構の解明に挑んだ24年』(高文研、2011)、松川事件については、松川事件無罪確定25周年記念出版委員会『私たちの松川事件(復刻版)』(現代人文社、1999)。八海事件については、今井正監督による映画『真昼の暗黒』が高裁の有罪判決の時点で製作され、「まだ最高裁がある」というラストの被告人のセリフは強烈な印象を残しました。また、八海事件をはじめ著名な冤罪事件に弁護人として法廷に立った弁護士である正木ひろし氏や青木英五郎氏、この頃の冤罪事件の被告人に対する支援運動に文壇から大きな影響を与えた広津和郎氏などの数多くの著作(入手が難しいものもある)が数多く知られています。

死刑再審4事件

　無実の人が誤って有罪とされ、死刑が宣告された事件もあります。いわゆる死刑再審4事件として知られる**免田事件**(1948年に熊本県人吉市で発生した一家殺傷事件)、**財田川事件**(1950年に闇米ブローカーが自宅で殺害された強盗殺人事件)、**松山事件**(1955年に宮城県松山町で起きた殺人放火事件)、**島田事件**(1954年に静岡県島田市で起きた幼児強姦殺人事件)です。

いずれの事件も一度は死刑判決が確定していますが、その後の再審で無罪判決を受けています。1983年から1989年のあいだにこれらの再審無罪判決が相次ぎ、冤罪の問題は社会の大きな関心を集めることになります。

> **参考文献** ≫≫免田事件について、免田栄『免田栄 獄中ノート —— 私の見送った死刑囚たち』(インパクト出版会、2004)は、無罪釈放された本人の目線による死刑囚としての日々の生々しい記録であり、熊本日日新聞社『新版 検証免田事件』(現代人文社、2009〔初版は1984〕)は、記者の目線から事件から無罪判決後までを克明に追っています。また、財田川事件については、鎌田慧『死刑台からの生還』(岩波現代文庫、2007〔初版1983〕)、島田事件については、伊佐千尋『島田事件』(新風社文庫、2005〔初版1989〕)などがあります。

被告人亡き後も続く無罪判決を求める闘い

　死刑が宣告された事件では、被告人が無実の場合、誤って執行された場合には、もうその命は取り返すことができません。イギリスでは、誤って無実の人の執行が判明した後、死刑廃止へと歩みだします。

　他方、日本でもすでに死刑が執行されながら、強く無実が疑われ、現在まで再審請求がなされたり、その準備が進められたりしている事件として、古くは**福岡事件**(1947年に福岡市内の路上で2人の闇ブローカーが射殺され5人が逮捕された事件。被告人のうち1名の死刑が執行されている)が有名です。また、**飯塚事件**(1992年に福岡県飯塚市で登校中女児2名が殺害された事件)では、本人は一貫して犯行を否認していましたが、足利事件(下記参照)と同じ方式のDNA鑑定が決め手となって死刑判決が下されました。その後、2008年10月、足利事件の再審で再鑑定へ検察が舵をきったのにもかかわらず、法務省は死刑を執行しました。

　さらに、被告人とされた方が刑事施設にて病気によって亡くなった後、その遺族が再審請求をしている**帝銀事件**(1948年に東京都豊島区内の長崎帝国銀行

支店に、都の消毒班の腕章をつけた男性が訪れ、青酸化合物を飲ませ、12人を死亡させ現金等を奪った事件。被告人は死刑判決を受けたが無実を主張し再審請求中に拘置所内で死亡)、**三鷹事件**(1949年に国鉄三鷹電車区車庫の無人電車が暴走し5名の死者が出た事件で、松川事件同様、労働組合や共産党員が逮捕・起訴された)、なども知られています。

死刑事件ではありませんが、**徳島ラジオ商事件**(1954年に徳島県の電気店店主が殺害された事件で、住み込み店員を逮捕後、その供述から店主の内妻が逮捕された)では、誤って逮捕された被告人(店主の内妻)が、一審の有罪判決により服役し、死亡した後の再審で無罪判決を得たというケースもあります。

前述の再審事件は、いずれも事件発生から60年以上が経過し、新たな証拠収集などが困難を極めていますが、こうした「死後再審」の事件で、もしも冤罪が判明すれば、日本の刑事司法を揺るがすことになるでしょう。

> **参考文献** ≫≫福岡事件の死後再審に向けた取組みについて、内田博文『冤罪・福岡事件〜届かなかった死刑囚の無実の叫び』(現代人文社、2011)。三鷹事件と帝銀事件については、多数の書籍が刊行されています(松本清張による『小説帝銀事件』〔角川文庫、2009。松本は、三鷹事件の直前に起きた下山事件についても『日本の黒い霧』を執筆〕、三鷹事件の死刑囚に焦点を当てた『無実の死刑囚――三鷹事件竹内景助』〔日本評論社、2009〕)のほか、熊井啓監督による映画『帝銀事件 死刑囚』も作られました。

再び閉ざされた再審の扉

前述の死刑再審4事件では、逮捕されてから無罪の判決を得るのに30年もの長い時間がかかっています。これは一度有罪(そして死刑)判決が確定した後に、その判決をさらに見直す再審の門がきわめて狭いことがその最たる理由です。死刑再審4事件を経て、これで再審は開かれやすくなると期待されました。しかし、その後1990年代には、再審の扉はまた閉ざされたとも言わ

れています。

　例えば、1972年に死刑判決を受けて以降、現在第7次再審請求の特別抗告審中である**名張毒ぶどう酒事件**(1961年に三重県名張市の集落で、宴会中にぶどう酒を飲んだ女性達が毒物混入により中毒を起こし、5人が死亡した事件。再審では殺害に使ったぶどう酒に混入させた毒物鑑定などを巡って争っている。しかし、最高裁は、2013年10月、第7次再審請求を棄却)、**狭山事件**(1963年に埼玉県狭山市内で起きた強盗強姦・強盗殺人等事件。被差別部落出身の被告人に対しずさんな捜査が行われ有罪・無期懲役が確定したが無実を主張し、現在第3次再審請求中)、さらに、1980年にやはり死刑判決を受けた第2次請求中の**袴田事件**(1966年に静岡県清水市で起きた味噌製造会社専務宅における放火・殺人事件)は、長い間、無罪を争い、多くの弁護人や支援者の力も借りて再審請求を何度も行ってきています。いずれも再審請求人が高齢となり、病も患っていることから1日も早い無罪判決が待たれています。

　そのほか、中学生を殺害したとして有罪判決を受けた**福井女子中学生殺人事件**(1986年)は、2011年11月30日名古屋高裁金沢支部で再審開始決定がなされたものの、2013年3月に取り消されました(現在、特別抗告中)。小学生を焼死させたとして殺人罪等に問われた2人の被告人に有罪判決がなされた**東住吉事件**(1995年)では、被告人の自白と火災の客観的状況とが異なるとして、再審請求の後、2012年3月7日大阪地裁により再審開始決定がなされましたが、現在検察による異義申立てによって即時抗告審が係属しています。さらに、ここには書ききれない多くの事件で、再審開始に向けた努力が続けられています(例えば、**恵庭OL殺人事件**〔2000〕、**大崎事件**〔1979〕、**日野町事件**〔1984〜1985など〕)。

参考文献 »»名張事件については、江川紹子『名張毒ブドウ酒殺人事件六人目の犠牲者』(新風社文庫、2005)、また『約束〜名張毒ぶどう酒事件死刑囚の生涯』(斉藤潤一監督、2013)として映画にもなりました。袴田事件については、袴田事件弁

護団編『はけないズボンで死刑判決』(現代人文社、2003)、矢澤昇治『袴田巌は無実だ』(花伝社、2010)、映画『BOX ～袴田事件命とは～』(髙橋伴明監督、2010)、狭山事件については、『狭山事件――石川一雄、四十一年目の真実』鎌田慧(草思社、2004)、映画『狭山事件――石川一雄・獄中27年』(小池征人監督、1991)などがあります。そのほかの事件については、伊東秀子『恵庭OL殺人事件こうして「犯人」は作られた』(日本評論社、2012)など多数の書籍があります。

再審無罪の新たな潮流？

　他方で、2000年代に入ると、いくつかの事件では、再審が開始され、無罪判決がまた目立って来ています。

　この再審無罪の新たな潮流のスタートとも言えるのが、**足利事件**です。この事件(1990年発生)では、少女を殺害したとして幼稚園バスの運転手が逮捕され、被疑者のDNAと被害者の衣服についていた体液のDNAが一致したとして引き出した自白によって有罪が確定しました。しかし、再審で自白の変遷が疑われ、無罪を示すDNA鑑定結果が証拠採用されたことから無罪判決が出されました(2010年3月26日)。

　同様に自白の信用性や任意性が疑われ再審で無罪となったのが、2人の被告人が強盗殺人罪に問われた**布川事件**(1967年に茨城県北相馬郡で大工の男性が殺害された事件)です。この事件では、十分な客観的な証拠がないままに2人の被告人が有罪とされ、無期懲役の刑を宣告されました。その後、第2回目の再審において、2人の捜査段階の自白が変遷している、客観的な事実と整合しないなどの点から信用性を否定され無罪判決となりました(2011年5月24日)。

　また、DNA鑑定が無罪判決の決め手となったのが、**東電OL殺人事件**(1997年)です。この事件では東京都内で女性を殺害したとして逮捕・起訴されたネパール人男性について、一審は無罪判決その後二審で逆転有罪判決とな

り、最高裁で有罪が確定しました。被告人は一貫して否認を貫いており、その後新たなDNA鑑定によって第三者の犯行の可能性が浮上したことから、再審が行われることになりました。2012年11月7日東京地裁で、この新たな証拠によって無罪判決を得ています。

　真犯人の登場によって無罪となった事件もあります。**氷見事件**(2002年)は、2人の少女への強姦・強姦未遂を疑われたタクシー運転手が逮捕され、被害者の面割り、現場に残された靴跡、そして本人の自白によって一審で有罪と懲役刑が確定しました。被告人はその後服役しましたが、その刑の終了後に、真犯人が発覚したため、地検の請求により再審が開始され、2007年10月10日富山地裁高岡支部で無罪判決となりました。

参考文献 ≫≫≫各事件の経緯や問題点は、足利事件については、小林篤『幼稚園バスの運転手は幼女を殺したか』(草思社、2001)、佐藤博史・菅家利和『訊問の罠』(角川書店、2009)、下野新聞編集局『冤罪足利事件――「らせんの真実」を追った400日』(下野新聞社、2010)などがあります。布川事件については、伊佐千尋『舵のない船　布川事件の不正義』(現代人文社、2010)、東電OL殺人事件については、無実のゴビンダさんを支える会『神様、わたしやってない！　ゴビンダさん冤罪事件』(現代人文社、2001)などに詳しい。また、冤罪の被害を受けた本人たちの手記として、菅家利和『冤罪ある日、私は犯人にされた』(朝日新聞出版、2009)、杉山卓男『冤罪放浪記――布川事件元・無期懲役囚の告白』(河出書房新社、2013)、ゴビンダ・プラサド　マイナリ『ナラク――ゴビンダ・マイナリ獄中日記』(希の樹出版、2013)、柳原浩『「ごめん」で済むなら警察はいらない――冤罪の「真犯人」は誰なのか？』(桂書房、2009)などがあります。なお、布川事件については、映画『ショージとタカオ』(井手洋子監督、2011年)で、無実の罪での服役し仮釈放後の2人の闘いと日常が描かれています。また、事件の行方を大きく左右するDNA鑑定の問題点については、木谷明・佐藤博史・岡島実『南風原事件――DNA鑑定と新しい冤罪』(現代人文社、2013)があります。

通常の刑事手続において冤罪続々

　再審まで至らずに通常の公判において無罪に至った事件、つまり冤罪であるとわかった事件も1990年代の後半から2000年代にかけて、数多く明るみになってきています。

　宇和島事件(1998年)では、誤って窃盗犯として誤認逮捕された被告人が一度は自白をした者の起訴後否認に転じ、求刑の直後に真犯人が発覚したことから、無罪判決に至りました(2000年5月26日)。冤罪事件の中でも、この誤認逮捕のケースがその後も報道されています。最近では、他人のパソコンをウイルス感染させ、遠隔操作によってインターネットに爆破予告などを書き込んだとして、ハイジャック防止法違反罪や威力業務妨害罪などに問われたいわゆる**PC遠隔操作事件**があります。この事件では、捜査の当初に、現役大学生など4人の誤認逮捕が発覚し(中には虚偽自白した人もいます)、その後、「真犯人」だとして起訴された男性もまた冤罪を主張しています。

　また、公職選挙法違反を問われた12人の被告人全員が無罪となったことで、社会の大きな注目を集めた**志布志事件**(2003年)では、特に精神的に大きなダメージを与えるような任意(参考人)段階からの取調べの数々を用いたことが問題となりました。この事件では、2007年2月23日に鹿児島地裁で無罪判決を得ています。

　さらに、現在の取調べ適正化の流れを加速させる契機ともなった**村木事件**(または郵便不正事件、2008年ころ)は、検察による証拠のねつ造が問題となりました(2010年9月10日大阪地裁で無罪判決)。

　その他にも、身近でかつ頻発する冤罪事件として問題とされたいわゆる痴漢冤罪事件は、証拠がきわめて限られ、被害者の供述に流されやすいという事件の性質から、無罪を得ることは難しいとされています(例えば、**防衛医大教授痴漢冤罪事件**〔2006年〕は、2009年4月14日に最高裁に至ってやっと無罪判決を得ることができました)。

　なお、無実の人が誤って起訴されたことは、長期間にわたる生活の大きな

変化を強いられるという「冤罪被害」を被ります。**大阪地裁所長襲撃事件**(2004年に大阪地裁所長が高校生と見られる4人組に金銭を強奪された事件)では、警察・検察の無理な捜査や起訴によって翻弄され、2008年までに不処分・無罪が確定しましたがこの間の少年たちの生活は激変したことは言うまでもありません。また、**甲山事件**(1974年に兵庫県西宮市の児童福祉施設において、浄化槽から児童2人が水死体で見つかったことから、保育士の女性が逮捕・起訴された事件)では、一審無罪判決を得たものの、検察の控訴によって、無罪が確定するまでに25年以上かかりました。

参考文献 »»»個々の事件の検証については、朝日新聞「志布志事件」取材班『虚罪──ドキュメント志布志事件』(岩波書店、2009)、日本弁護士連合会『えん罪志布志事件──つくられる自白』(現代人文社、2008)、一ノ宮美成『自白調書の闇──大阪地裁所長襲撃事件「冤罪」の全記録』(宝島社、2009)、海川直毅『有罪捏造』(勁草書房、2012)、今西憲之・週刊朝日取材班『私は無実です──検察と闘った厚労省官僚村木厚子の445日』(朝日新聞出版、2010)、痴漢えん罪被害者ネットワーク『STOP!痴漢えん罪──13人の無実の叫び』(現代人文社、2002)などがあります。

また、長く苦しい闘いを経て無罪判決を得た上記事件の「冤罪被害者」の方々の著書も数多く刊行されており、例えば、村木厚子『私は負けない「郵便不正事件」はこうして起きた』(中央公論新社、2013)、上野勝・山田悦子『甲山事件えん罪のつくられ方』(現代人文社、2008)などがあります。

特に、より身近な冤罪事件とも言える痴漢冤罪事件については、体験者による多くの著作がありますが、例えば、谷田部孝司+あつ子『お父さんはやってない』(太田出版、2006)、沖田光男『裁かれる者──沖田痴漢冤罪事件の10年』(かもがわ出版、2010)、飯島滋明『痴漢冤罪に巻き込まれた憲法学者』(高文研、2012)があります。また、痴漢冤罪をテーマとする映画『それでもボクはやっていない』(周防正行監督、2007)もあります。

以上、有名な冤罪事件について、関連する文献や映画作品などを紹介してきました。さらに、個別の冤罪事件のみならず、冤罪が起こる背景や歴史など全体像を知りたいという方のために、比較的手に取りやすいもの（一部、図書館にしかないものも含む）を下記に挙げてみましたので、合わせて参考にしてください。なお、冤罪問題に特化した雑誌、『冤罪 File』(2008 年創刊) も刊行されています。

日本の冤罪の歴史を学び直す。

『現代再審・えん罪小史』
竹澤哲夫・山田善二郎 (イクォリティー、1993)

『冤罪はこうして作られる』
小田中聰樹 (講談社現代新書、1993)

『えん罪入門』
小田中聰樹、佐野洋、竹澤哲夫、庭山英雄、山田善二郎、再審・えん罪事件全国連絡会 (日本評論社、2001)

なぜ取調べで無実の人が自白するのか、を解明する。

『自白の心理学』
浜田寿美男 (岩波新書、2001)

『転落自白「日本型えん罪」は、なぜうまれるのか』
内田博文・八尋光秀・鴨志田裕美 (日本評論社、2012)

『なぜ無実の人が自白するのか —— DNA鑑定は告発する』
スティーブン・A・ドリズィン=リチャード・A・レオ (日本評論社、2008)

※取り調べる側の元検事がどのように自白を迫ったかを明らかにした書として
『検事失格』(毎日新聞社、2012)。
市川寛

元裁判官が、誤判を生む裁判の構造を分析する。

『日本の刑事裁判』
伊佐千尋・渡部保夫(中公文庫、1996)

『裁判官はなぜ誤るのか』
秋山賢三(岩波新書、2002)

『刑事裁判を見る眼』
渡部保夫(岩波現代文庫、2002)

『刑事裁判のいのち』
木谷 明(法律文化社、2013)

誤判防止のための取り組みを提言・紹介する。

『無実を探せイノセンス・プロジェクト —— DNA鑑定で冤罪を晴らした人々』
ジム・ドワイヤーほか(現代人文社、2009)

『えん罪原因を調査せよ —— 国会に第三者機関の設置を』
日弁連えん罪原因究明第三者機関ワーキンググループ
(勁草書房、2012)

以上は、『えん罪入門』(日本評論社、2001年)の参考文献(154頁)、『えん罪原因を調査せよ —— 国会に第三者機関の設置を』(勁草書房、2012年)の資料2(157頁)、再審・えん罪事件全国連絡会のウェブサイト(http://enzai.9ch.cx/index.php?出版物案内)さらには、各事件の支援サイトなどを参照のうえ、編集部で独自にまとめたものです。

法制審議会・新時代の刑事司法制度特別部会関連年表

2001年	6月12日	司法制度改革審議会意見書。
2006年	6月	検察、裁判員裁判対象事件について取調べの一部の録画試行開始。
2007年	2月23日	志布志事件無罪判決(鹿児島地裁。確定)。
	10月10日	氷見事件再審無罪判決(富山地裁高岡支部。確定。国家賠償請求訴訟継続中)。
2008年	4月	警察、裁判員裁判対象事件について取調べの一部の録画試行開始。
2009年	5月21日	裁判員裁判開始。
	10月	千葉景子法務大臣が取調べの録音・録画に関する省内勉強会を立ち上げる。
2010年	3月26日	足利事件再審無罪判決(宇都宮地裁。確定)。
	9月10日	郵便不正事件の厚生労働省元局長村木厚子さん無罪判決(大阪地裁。確定)。
	9月21日	郵便不正事件の担当の大阪地検特捜部検事が、事件の証拠を改ざんしたとして逮捕(その後、有罪確定)。
	10月	柳田稔法務大臣が「検察の在り方検討会議」を立ち上げる。
2011年	3月31日	検察の在り方検討会議、「検察の再生に向けて」を提言。
	5月24日	布川事件再審無罪判決(水戸地裁土浦支部。確定)。
	5月	江田五月法務大臣が法制審議会に諮問。
	6月29日	法制審議会・新時代の刑事司法制度特別部会開始。
2013年	1月29日	法制審特別部会第19回会議、中間取りまとめ「時代に即した新たな刑事司法制度の基本構想」(「基本構想」と略す)を発表。その後、2つの作業分科会にわかれて検討(第1作業分科会長・井上正仁東京大学教授、第2作業分科会長・川端博明治大学教授)。作業分科会は、3月8日より12月11日まで各9回行われている。
	6月14日	法制審特別部会第20回会議、分科会が中間報告「作業分科会における検討(1)」を提出。「基本構想」記載の各検討事項について議論。
	11月7日	法制審特別部会第21回会議、「作業分科会における検討(2)」を提出。①取調べの録音・録画制度、②刑の減免制度、捜査・公判協力型協議・合意制度、刑事免責制度、③通信傍受の合理化・効率化、会話傍受、及び④被疑者・被告人の身柄拘束の在り方について、第1作業分科会におけるこれまでの検討を踏まえて議論。
	11月13日	法制審特別部会第22回会議、①被疑者国選弁護制度の拡充、②証拠開示制度、③犯罪被害者等及び証人を支援・保護するための方策の拡充、④公判廷に顕出される証拠が真正なものであることを担保するための方策等、及び⑤自白事件を簡易迅速に処理するための手続の在り方について、第2作業分科会における検討を踏まえて議論。
2014年	2月14日	法制審特別部会第23回会議。最終答申は4月末頃の予定。

参考資料:法制審特別部会の議事録など。

GENJIN ブックレット 62
冤罪を生まない刑事司法

2014年 3月 5日 第1版第1刷発行

編　　者／現代人文社編集部＋水谷規男
発 行 人／成澤壽信
編 集 人／桑山亜也
発 行 所／株式会社 現代人文社
　　　　　〒160-0004 東京都新宿区四谷 2-10 八ッ橋ビル 7 階
　　　　　Tel 03-5379-0307（代）　Fax 03-5379-5388
　　　　　E-mail henshu@genjin.jp（編集）　hanbai@genjin.jp（販売）
　　　　　Web http://www.genjin.jp
　　　　　郵便振替口座　00130-3-52366
発 売 所／株式会社 大学図書
印 刷 所／シナノ書籍印刷株式会社
ブックデザイン／Malpu Design（宮崎萌美）
写 真 提 供／日本国民救援会、なくせ冤罪！市民評議会

検印省略　Printed in JAPAN
ISBN 978-4-87798-561-5　C3032
© 2014　Gendai-Jinbun Co.,Ltd.; Norio Mizutani

本書の一部あるいは全部を無断で複写・転載・転訳載などをすること、または磁気媒体等に入力することは、法律で認められた場合を除き、著作者および出版者の権利の侵害となりますので、これらの行為をする場合には、あらかじめ小社または編者宛に承諾を求めてください。